세계사를 보는 눈 (헤로도토스에서 호저...

세계 여러 지역을 오가며 탐험한 사람들이 들려...

유럽

중동

아시아

아프리카

북아메리카

남아메리카

오세아니아

[세계사를 보는 눈] 주요 연표

BCE	· 7세기~6세기	스키타이, 초원길을 따라 왕래
	· 5세기경	헤로도토스, 『역사』 집필. 스키타이에 대한 기록 남김
	· 139년~126년	한 무제, 장건의 여행을 통해 실크로드 정보 입수
	· 1세기 말	사마천, 『사기』 집필
CE	· 610년	무함마드, 이슬람교 창시
	· 11세기~13세기	서유럽의 십자군, 예루살렘으로 향함. 십자군 전쟁, 여러 차례에 걸쳐 치러짐
	· 1206년	칭기즈 칸의 정복전쟁으로 몽골 제국이 시작됨
	· 12세기 초	앙코르와트, 힌두사원으로 건립됐으나 불교사원으로도 사용됨. 앙코르 왕조가 13세기 말부터 쇠망하고 15세기경 멸망하여 정글 속에 묻힘
	· 13세기 말	마르코 폴로, 『여행기』를 출간(당시 동방을 신비로운 곳으로 여김)
	· 1340년대	유럽 전역으로 페스트가 퍼져 유럽 인구의 3분의 1가량이 사망
	· 1405년	명조 영락제의 명으로 정화는 해외 대원정을 시작(1433년까지 7차에 걸침)
	· 1870년~20세기 초	유럽 열강이 아프리카·아시아 지역을 침략하고 식민지배 감행
	· 1960년대	윌리엄 맥닐, 서구 문명은 중국이나 이슬람 세계와의 치열한 경쟁을 통해 등장했다고 주장한 『서구의 발흥』 집필

세계사를 보는 눈

Thinking Power Series - World History Collection 10
Fantastic Exploring of World History
: Developing Insights into World Change

Written by Kang Sun-joo.
Published by Sallim Publishing, 2018.

제4차 산업혁명 세대를 위한
생각하는 힘 세계사컬렉션 **10**

헤로도토스에서 호지슨까지의 역사관

세계사를 보는 눈

강선주 지음

살림

세계사의 맥락에서 한국사를 바라보자

미국에서 박사 공부를 할 때이다. 세계사가 좋아서 혼자서 여러 책과 논문을 찾아 읽었다. 그러면서 사학과의 몇몇 강의를 들었는데, 그 가운데 중국 청대사 연구자로서 매우 유명한 교수의 강의가 있었다. 그분은 내가 세계사 이론이나 책에 대해 많이 안다는 사실을 알고는 방학 동안 세계사 공부를 하고 싶으니 내게 아르바이트로 연구 조교를 해달라고 부탁했다. 그렇게 나는 방학 때 도서관에서 그 교수가 세계사와 지구사 공부를 할 수 있도록 관련된 논문과 책들을 찾아다 주는 일을 했다.

어느 날 도서관에서 한국학자가 쓴 백제사를 영어로 번역한 책을 찾았다. 정말 기뻤다. 1990년대 말 당시 한국사 관련 영어책을 찾기 어려웠기 때문이다. 한국사도 그분에게는 세계사로 분류될 수 있기 때문에 그 책도 빌려다 주었다. 그런데 그 교수는 책을 보자마자 한국학자들의 글은 너무 정치적이고 민족주의적이어서 신뢰할 수 없다고 했다. 한국 역사가들은 다른 지역에서 나온 자료와 자국에서 나온 자료들을 비판적으로 비교·검토하면서 자국사를 서술하지 않고 편협한 시각에서 역사를 서술한다는 것이다.

나는 그 교수가 그 책을 읽어보지도 않고 자신의 선입견으로 한국 사학계를 비판하는 것이 싫었고 자존심도 상했다. 그러나 당시 외국어로 번역된 한국사 논문이나 책이 많지 않았기 때문에 그 교수가 국내의 다양한 논쟁이나 해석을 잘 알 수 없었으리라는 생각도 했다. 그러면서도 다른 한편 내가 배운 한국사가 너무 민족주의적인 측면이 있다는 점, 반성적으로 한국사를 바라보지 않았던 점을 부인하기도 어려웠다.

내가 받은 한국사 교육에서는 '우리' 민족의 우수함을 '우리' 민족과 '다른' 민족의 전쟁 속에서 온 민족이 하나로 힘을 합쳐 국난을 극복했다는 점, 세계에서 가장 오래된 금속활자본을 가지고 있다는 점 등으로 설명했다. 여전히 초등학교에서는 세계사적 맥락에서 한국사를 볼 기회를 주지 않고 내가 받았던 한국사 교육과 같은 교육을 하고 있다.

그러나 이러한 한국사 교육은 오늘날과 같은 전 지구화시대에 세계에 나가 외국인과 소통을 하는 데 도움이 안 된다. 세계 여러 지역에서 더 많은 '최초의 발명품', 인류 역사에 지대한 영향을 미친 발명품이 나왔기 때문이다.

오늘날 한국 사학계는 많이 달라졌다. 이제 더 이상 민족주의적이라는 비판을 받지 않는다. 세계사의 맥락에서 한국사를 연구하는 경향도 보인다. 그런데 이러한 방식이 아직까지는 한국사 교육에까지 미치지는 못한다.

세계사적 맥락에서 보면 한국사가 다르게 보인다. 또 세계사는 한국사와 다른 인류의 경험들, 사회와 인간에 대한 이야기들, 문화가 만들어지는 이야기들을 들려준다. 이러한 이야기는 세계가 어떻게 변해왔고 또 어떻게 변할지 큰 시각에서 바라볼 안목을 키워준다. 여러분도 세계사를 공부하면서 세계사의 매력에 빠져보고, 또 한국사를 세계사적 시각에서 생각해볼 수 있기를 바란다.

2018년 4월

강선주

● 차례 ●

제3장 과거 시간 여행자와의 만남

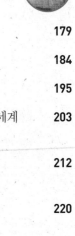

제4장 오늘날 세계사가들과의 토론

하나의 민족, 하나의 사회가 아니라 온 인류에게 의미가 있는 사건에는 어떤 것이 있을까? 예를 들면 세계사는 여러 나라, 여러 사회의 역사를 병렬적으로 나열해놓은 것이 아니라, 인류를 하나의 종족으로 보면서 오늘날 인류가 어떻게 이렇게 살게 되었는가에 대해 서술해놓은 이야기이다. 이야기라고 해서 허구의 소설이나 동화는 아니다. 철저하게 인류가 남겨놓은 기록·유물·유적 등을 탐구하고, 기록이 남아 있지 않은 부분은 상상력으로 연결한 사실에 가까운 이야기이다. 역사는 사람들의 예상을 빗나가면서 흐른다. 인류에게 중요한 과거의 사건들을 찾아 그 사건들 속 미스터리를 풀어보자.

자, 그럼 지금부터 떠나볼까?

제1장

시간 속의
인류와 만나는 여행

01

시간의 은하수를 타고 지구 여행

시간의 은하수를 타고 지구를 여행한다는 말은 무슨 의미일까? 과거의 시간으로 가서 지구에 사는 많은 사람이 겪었을 만한 일을 만나는 여행이다. 그들이 정확하게 무슨 일을 겪었는지는 모른다. 우리는 옛사람이 남긴 기록을 통해서만 과거에 대해 알 수 있기 때문이다. 기록을 통해 알 수 없는 것은 여러 자료를 연결하여 과거인이 어떤 일을 겪었는지 상상해야 한다.

언제 어디로 가서 누구의 어떤 경험을 만날까? 질문에 대답하기 위해 우선 퀴즈를 풀어보자. 그리고 어떻게 여행할지 생각해보자.

중국의 4대 발명품은?

중국 지역에서 세계 최초로 발명된 것은 매우 많다. 교과서나 인터넷 지식백과에 찾아보면 중국의 4대 발명품으로 종이·화약·나침반·인쇄술을 꼽는다. 자석으로 된 나침반은 2,000여 년 전 중국의 한나라(기원전 206~기원후 220) 때에 발명되었다고 한다. 또한 바다를 항해하는 데 사용한 나침반은 중국의 송나라(960~1279) 때에 발명된 것으로 알려져 있다.

지금은 거리마다 표지판이 있어서 내가 어느 방향으로 가고 있는지, 또 어느 방향으로 가야 하는지 알려준다. 그러나 표지판이 없는 산에 혼자 있다고 상상해보자. 그것도 별 하나 보이지 않는

• **한나라의 나침반 모양**
지반 위에 놓고 자유롭게 회전하게 하면 정지되는 점이 있다. 정지되는 점에서 국자 자루가 가리키는 곳이 남쪽이었다.

밤이라면 어떻게 길을 찾아야 할까? 혹시 여러분은 핸드폰을 꺼내 들지 않을까? 많은 사람들이 핸드폰을 일반적으로 사용하기 시작한 것은 1990년대이다. 그렇다면 그전에는 어떻게 했을까?

나침반은 사람들이 낯선 곳을 찾아 먼 거리를 여행할 수 있게 한 획기적인 발명품이다. 그런데 나침반이 없던 때에도 사람들은 배를 타고 멀고 먼 지역으로 가서 물건을 교환했다. 그들은 어떻게 방향을 알았을까? 해·달·별을 보며 방향을 파악하고, 계절에 따라 변하는 해류나 해풍에 대한 지식을 이용해서 항해했을 것이다. 송나라에서 발명된 항해에 사용할 수 있는 나침반은 후에 서아시아의 이슬람인을 통해서 유럽에 알려지게 된다. 그런데 이슬람인은 나침반에 대해 어떻게 알았을까? 여행하면서 이 궁금증을 해결해보자.

중국의 명 제국(1368~1644) 때 무슬림(이슬람교를 믿는 신자들을 무슬림이라고 한다)이었던 정화(鄭和: 본명 마삼보)는 황제의 명을 받아서 수백 척의 거대한 선박을 이끌고 1405년부터 30년 가까운 기간 동안 여러 차례 인도양 여러 곳을 누비는 여행에 나섰다(정화의 원정). 동남아시아와 서남아시아를 거쳐 아프리카 동부의 모가디슈와 말린디에 이르는 길고 긴 항해였다. 그는 각 지역에서 명 황제가 주는 선물을 전달하고, 또 그 지역에서 명 황제에게 바치는 진귀한 물건들을 가져왔다. 항해를 위해서는 나침반만이 아니라 해류나 해풍 등 항해에 필요한 지식, 음식을 상하지 않게 저장하는 비법과 기술, 그 밖에 많은 기술이 필요했을 것이다.

그런데 정화의 원정 이후, 중국의 황제들은 더 이상 먼 바다를 건너 다른 지역에 원정을 내보내지 않았다. 대신 15세기 후반, 포르투갈·에스파냐 등 서유럽인이 먼 바다로 나가 아프리카를 돌아 서아시아와 인도·동남아시아로 가는 항로를 개척했다. 이후 서유럽 여러 왕국의 상인들은 배를 타고 아시아 여러 지역으로 와서 교역하자고 요구했다. 마젤란이 이끌었던 함대는 에스파냐를 떠나 대서양과 태평양·인도양을 거쳐 지구를 한 바퀴 도는 여행을 했다. 이렇게 서유럽인은 활발하게 바다를 가로질러 여러 곳으로 나가 교역했다.

그런데 왜 중국 왕조는 정화의 원정 이후에 더는 바다를 건너 아프리카 지역, 인도나 아메리카 지역과 직접 교류하려고 하지 않았을까? 또 16~17세기 무렵, 서유럽의 에스파냐와 포르투갈, 그리고 네덜란드와 영국은, 왜 먼 바다를 돌아 인도·동남아시아·동아시아 지역으로 나가 무역을 하려고 했을까?

15세기 이후 유럽인은 아스트롤라베라는 천체 관측 기구를 가지고 드넓은 바다를 항해했다. 아스트롤라베는 고대 그리스에서

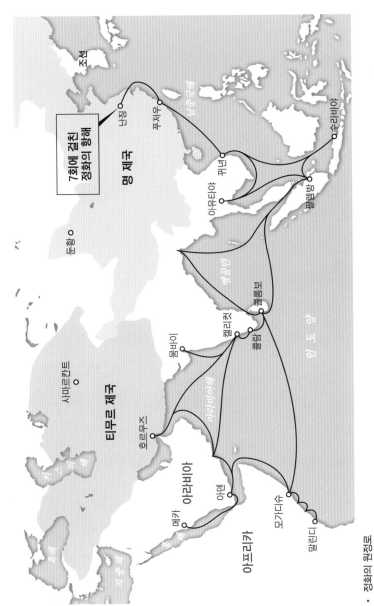

• 정화의 원정로

정화는 중국 명나라 왕조 시대의 장군이자 탐험가·탐험가·외교관·정치가이다. 영락제의 명령에 따라 남해에 7차에 걸쳐 대원정을 떠난 것으로 유명하다.

처음 만들었다는 기록이 있는데, 이때 만든 아스트롤라베로는 땅
위에서 자신의 위치만 알 수 있는 정도로 기능이 매우 단순했다.
배 위에서는 제대로 기능하지도 못했던 것이다. 그런데 이슬람인
과 유럽인들이 몇백 년 동안 계속 개선해서 흔들리는 배 위에서
도 위치와 시간을 알 수 있을 정도로 정교한 기구로 발전시켰다.
배 위에서 사용할 수 있는 나침반과 아스트롤라베는 사람들이 더
먼 바다를 항해할 수 있게 했다. 사람들은 끊임없는 노력을 통해
기술을 발전시킨다.

중국에서는 세계 다른 지역에 비해 일찍이 화약을 군사 무기
로 사용했다. 언제부터 화약이 군사 무기로 사용되었는지에 대
해서는 8세기, 10세기, 12세기 설 등 다양하다. 그런데 본격적으

로 화기(화약을 사용한 무기)가 개발된 것은 10~12세기 사이(송 시대)라고 한다. 화기는 처음에는 화살이나 창끝에 화약통을 달아 발사하는 원시적인 형태의 로켓 같은 모양이었다. 송 정부나 몽골 제국에서는 화약의 제조법을 국가 기밀로 하고 다른 나라에 알려지지 않게 했다.

고려에서도 12세기 초에 여진족을 물리치기 위해 발화 무기(화약의 필수 성분인 초석이 들어 있지 않아 폭발성이 적지만, 화약과 비슷하게 불이 일어나게 하는 공격 무기)를 사용했다고 한다. 화약에 대해서 알고 있었지만 정확한 제조 방법을 알지는 못했던 것이다. 그런데 고

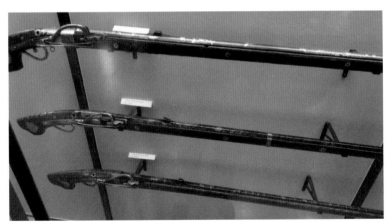

• **화승총**(15세기 후반)
 불이 붙은 화승을 점화구에 갖다 대어 총알을 발사하는 총이다. 개인용 화기에서 최초로 사용된 화기 작동 방식으로, 서양의 아쿼버스, 일본의 종자도총 등이 이 방식을 사용했다. 전쟁기념관 소장.

려 말에 최무선이 원나라의 화약 제조 기술자 이원과 한 마을에 살면서 그에게 정보를 얻어 화약을 제조하는 데 성공하게 되었다. 그리하여 14세기 후반에는 고려에서도 화약과 화기를 제조하는 화통도감을 설치하고 화기를 제조해 왜구를 물리치는 데 사용했다.

유럽에서는 15세기경에 칼·창·활 대신 총과 총포 등을 사용하기 시작했다. 화승총은 15세기경 유럽에서 등장했다. 그런데 이 화승총은 임진왜란(동아시아 7년전쟁, 1592~1598) 때 일본군이 조선을 침략하면서 들고 왔던 무기이다. 화승총은 조총이라고도 부른다. 16세기 유럽에서는 화기 제조술이 크게 발달하여 전쟁에서 소총 같은 화기가 주로 이용되었다. 중국 이외에 아시아의 다른 지역과 유럽에서 화기를 언제부터 만들기 시작했는가에 대해서는 여러 가지 설이 있다.

그 가운데 하나는 13세기에 몽골 제국이 다른 지역을 정복해 나가면서 화약 무기에 대한 정보가 아시아와 유럽으로 퍼지게 되었다는 것이다. 사람들이 몽골과의 전쟁 과정에서 화약 무기를 보게 되었고, 그런 무기에 대한 정보를 얻고, 제조하려 하면서 화기 제조술이 아시아의 다른 지역과 유럽에 퍼졌다는 것이다.

19세기에 유럽의 여러 나라는 발달한 화기를 이용해서 아프리카·아시아·아메리카의 여러 나라를 침략하여 식민지로 삼았다. 화기가 발명된 곳은 중국인데, 화기가 획기적으로 발달한 곳은 유럽이다.

왜 중국이 아닌 유럽 대륙에서 화기 제조 기술이 혁신적으로 발달하게 되었을까? 여행하면서 이 질문에 대답해보자.

불교가 탄생한 지역은?

불교는 기원전 6세기경 인도에서 탄생했다. 그런데 한반도에서 멀리 떨어진 인도에서 탄생한 불교가 어떻게 기원후 4세기경 고구려에 들어오게 되었을까? 불교는 현재 인도보다는 태국·라오스 등을 비롯한 동남아시아 여러 나라 사람들의 일상생활에 큰 영향을 미치고 있다. 이 나라 사람들은 중요한 일이 있을 때마다 절에 가서 기도한다. 티베트 불교도 유명하다. 태국의 불교 신앙과 한국의 불교 신앙은 어떻게 비슷하고, 또 어떻게 다를까? 한국·태국·중국·티베트·일본 등 불교가 전파된 곳에는 절과 탑을 지었는데, 어떻게, 그리고 왜 다를까?

동남아시아의 말레이시아나 인도네시아의 많은 사람들이 이슬람교를 믿는다. 이슬람교는 7세기 초 아라비아의 예언자 무함마드가 완성한 종교이다. 무함마드는 메카에서 태어났고, 후에 메디나로 이주하여 이슬람교를 전파했다. 이슬람교에서는 무함마드가 메카에서 메디나로 이주한 것을 헤지라(거룩한 도망)라 하고, 그 날짜인 622년 7월 16일을 헤지라 원년 1월 1일(AH로 표시된 것은 이슬람력을 의미한다)로 삼았다. 그래서 이슬람교를 믿는 지역에 가면 오늘날 우리와 다른 달력을 사용하는 것을 볼 수 있다.

그런데 인도나 아라비아반도에서 멀린 떨어진 동남아시아 사람들이 어떻게 불교나 이슬람교를 믿게 되었을까? 새로운 종교가 들어가면 모든 사람들은 쉽게 개종을 할까? 그렇다면 왜 개종하게 되었을까?

중국에서 병마용이 발견된 곳은?

병마용은 진나라(기원전 221~기원전 206)의 시황제가 자신의 무덤에 넣기 위해 만들었다고 하는데, 오늘날 중국 시안에서 발견되었다. 그런데 시안은 이후 당나라(618~907)의 수도가 되었고, 진나라 때보다 당나라 때 더 유명해졌다. 당나라 때는 시안을 장안이라고 불렀다. 장안에는 세계 여러 나라 사람이 교역하기 위해 모여들었다. 그들 가운데는 기독교인·유대인·무슬림 상인도 포함돼 있었다.

삼국을 통일한 신라도 당과 활발하게 교류했다. 현재 시안의

• **병마용갱**
중국 시안 진 시황의 무덤 아래에서 발견된 병마용갱. 1974년 우물을 파던 양취위안이라는 농부에 의해
처음 발견되었다.

박물관에 전시된 당나라 시기에 만들어진 여러 유물은 전 세계의 다양한 민족과 인종이 바다를 건너 당으로 와서 교류했다는 점을 알게 해준다. 당의 장안에는 세계 어떤 지역 사람들이 어떻게, 그리고 무엇을 교역하러 왔을까?

신라에도 혹시 세계 각 지역의 사람들이 왔을까?

9세기(이슬람력으로 3세기) 아라비아인 지리학자인 이븐 쿠르다드비가 편찬한 지리서『도로와 왕국 총람(도로와 왕국 안내서)』에는 다음과 같은 기록이 있다.

깐수의 맞은편 중국의 맨 끝에 신라라는 나라가 있다. 여러 왕들이 다스리는 나라들로 나뉘어 있다. 그곳에는 금이 많다. ……이 나라에 온 무슬림들은 여러 가지 좋은 점 때문에 영구 정착하여 떠날 줄을 모른다.

9세기 이후 만들어진 이슬람의 몇몇 문헌들은 자연환경이 좋고 금이 많아서 무슬림들이 신라에 와서 정착했다고 기록하고 있다. 신라에서 비단·사향(천연 동물성 향료·사향노루의 사향선을 건조시켜 얻는다) 등이 났다는 기록도 있다. 이것들이 당시 진짜 신라의 특산품이었을까? 기후와 환경 변화, 사람들의 욕구 변화는 각 지역에서 주로 생산하여 수출하는 농산물·축산물도 달라지게 한다.

• **당삼채 곱슬머리 인형**
이 도자기 인형은 어느 지역에서 온 사람을 묘사한 것일까? 664년 섬서성 정인태묘 출토.

다시 지리서로 돌아가자. 이희수라는 학자에 따르면, 『왕국과 도로 총람』이외에도 17명의 아라비아와 페르시아 학자가 쓴 20여 권의 책에서 신라 관련 기록을 발견할 수 있다고 한다. 또한 12세기에 알-이드리시가 제작한 세계지도에도 신라가 명확히 표시돼 있다.

학자들은 고려에도 무슬림이 살았다고 주장한다. 조선 시기에 제작된 고려 시대 역사서인 『고려사』에는 고려의 현종 15년(1024)에 대식국(사산조 페르시아)에서 열리자라는 사람을 포함한 100여 명이 와서 왕에게 토산품을 바쳤다는 기록이 있다. 이뿐만이 아니다. 『조선왕조실록』을 보면 조선에도 무슬림이 살았다는 것을 알 수 있다. 예를 들면 다음과 같은 기록이 있다.

> "회회교도(무슬림)는 의관이 보통과 달라서 사람들이 모두 보고 우리 백성이 아니라 하여 혼인하기를 부끄러워합니다. 이미 우리나라 사람이니 마땅히 우리나라 의관을 입게 해서 다르게 보이지 않게 한다면 자연스럽게 혼인하게 될 것입니다……"라고 하니 모두 그대로 따랐다.
>
> -『세종실록』36권, 세종 9년 4월 4일

그러니까 생각하는 것보다 훨씬 오래전부터 중국 지역이나 한반도에 살았던 사람들이 서아시아(중동) 사람들과 활발히 교류했을 뿐 아니라 무슬림이 이 지역에 정착해 살았다는 것을 알 수 있다. 그렇다면 무슬림은 어떻게 조선에서 사라지게 됐을까?

15세기 말 에스파냐 왕국의 후원을 받아 우연히 아메리카에 가게 된 이탈리아인은?

크리스토퍼 콜럼버스이다. 콜럼버스가 아메리카에 오기 전에 아메리카는 원주민(Native Americans)의 땅이었다. 그러니까 콜럼버스가 아메리카를 최초로 발견했다고 할 수는 없다. 콜럼버스는 에스파냐에서 서쪽으로 항해해서 인도(그가 생각한 인도가 몽골 제국이라고 주장하는 학자도 있다)로 가려고 했다가 우연하게 현재의 바하마 제도, 이어서 쿠바에 도착했다.

16세기 이후 에스파냐·포르투갈·영국·프랑스 등 서유럽인이 아메리카에 이주해 왔다. 아메리카로 건너가 정착한 서유럽인의 후손들은 18~19세기에 영국·프랑스·에스파냐·포르투갈 등의 식민 통치에 저항하며 독립운동을 벌였다. 이렇게 해서 탄생한 나라가 미국·캐나다·멕시코·페루·브라질 등 아메리카 대륙의 나라들이다. 이 나라에서 독립운동을 일으킨 사람들은 서유럽인의 후손인데 왜 서유럽 국가들로부터 독립하려고 했을까?

어떤 시기에는 동아시아인·서아시아인·동남아시아인이 바다의 패권을 장악하고 여러 지역과 교역을 했다. 그리고 또 다른 시기에는 서유럽인이 지구 전체의 교역을 장악했다. 어떻게 이런 변화가 일어났을까?

( ) 안은 독립한 연도와 국가령

미국
멕시코
(1821)
콜롬비아
(1819)
기아나
(프랑스)
에콰도르
(1822)
수리남
(1975)
태평양
페루
(1821)
브라질
(1822)
볼리비아
(1825)
파라과이 (1811)
아르헨티나
(1816)
우루과이
(1828)
대서양
칠레
(1818)

○ 에스파냐 식민지에서 독립
● 포르투갈 식민지에서 독립

포클랜드
(영국)

미국
바하마
(1973)
쿠바
(에스파냐→미국→1902)
도미니카공화국 (에스파냐→프랑스→1844)
푸에르토리코섬(미국)
엔티가바부다
멕시코
벨리즈
(영국=과테말라
→1981)
자메이카
(영국→1962)
아이티
(1804)
과델루프섬(프랑스)
마르티니크섬(프랑스)
바베이도스
과테말라
(1821)
온두라스
(1821)
카리브해
엘살바도르
(1821)
니카라과 (1821)
트리니다드 토바고
(영국→1962)
코스타리카
(1821)
파나마 (1903)
콜롬비아
베네수엘라
(1811)
가이아나
(네덜란드→영국→1966)

- **남아메리카 여러 나라의 독립**

  아메리카로 건너가 정착한 서유럽인의 후손들은 18~19세기에 영국·프랑스·에스파냐·포르투갈 등의 식민
  통치에 저항하며 독립운동을 벌였다. 이렇게 해서 탄생한 나라가 미국·캐나다·멕시코·페루·브라질 등이다.

세계사 탐험이란 시간을 타고 지구를 여행하는 것이다. 그런데 여기서, '왜 선사 시대부터 오늘날에 이르기까지 시간 순서대로 탐험하지 않을까?' 하며 궁금해할지도 모르겠다. 중국의 한 왕조 시기에서 송 왕조 시기로, 또 15세기 에스파냐에서 18세기 아메리카로, 기원전 6세기 인도에서 기원후 4세기 고구려로, 또 이슬람 세계와 고려·조선으로 왔다 갔다 여행을 하면서 세계사를 어떻게 이해할 수 있을까?

세계사는 국가들의 역사를 단순히 나열해놓은 것이 아니다. 만약 전 세계 국가들의 역사를 빠짐없이 모아놓은 것을 세계사라고 한다면, 얼마나 많은 나라의 역사를 얼마나 오랫동안 읽어야 세계사를 이해할 수 있을까? 아니, 그렇게 각국의 역사를 몽땅 읽으면 과연 세계사를 제대로 이해할 수 있기는 한 걸까?

1920년대 영국에 『타임머신(*The Time Machine*)』과 『우주전쟁(*The War of the Worlds*)』 등의 공상과학 소설을 쓴 웰스라는 유명한 작가가 있었다. 그런데 그는 소설만 쓴 게 아니었다. 그는 역사도 많이 아는 사람이었는데, 그 역사 지식을 바탕으로 『역사 개요(*The Outline of History*)』라는 책을 썼다. 역사 전문가도 아닌 그가 방대한 인류사를 집필한 것이다. 당시 유럽이나 미국 대학의 역사가들, 즉 전문가들은 일반적으로 개별 국가의 역사를 연구했다. 학교에서는 고대 그리스와 로마사, 그리고 자국의 역사만을 가르쳤다. 필요할 경우 몇몇 나라의 역사를 부분적으로 조금씩 가르쳤다. 웰스는 그러한 전문가들의 역사 연구나 역사 교육 풍토를 비판했다. 그리고 일반 사람들의 교양을 위해서는 국가사보다 보편사(오늘날 세계사와 같은 의미의 용어)를 가르쳐야 한다고 주장했다.

웰스는 "보편사는 우리가 잘 알고 있는 국가사들의 총합 이상이면서 이하"라고 말했다. 여러 국가들의 역사를 쓰고 그것을 책으로 묶는다고 해서 무조건 세계사 또는 인류사라고 인정할 수는 없다는 주장이다. 웰스는 보편사를 국가사와 다른 태도와 방법으로 다루어야 한다고 주장했다. 인류사는 "특별한 국가나 특별한 시기에 대한 역사보다 더 광범위하고 포괄적으로 다루어야 한다"는 것이다.

교양으로서의 인류사, 즉 세계사는 여러 국가의 역사를 나란히 배열해놓은 것이 아니라, '국가의 역사'라는 틀에서 벗어나 인류가 어떻게 살아왔는가에 대해 쓴 것이다. 그러므로 시간을 타고 지구를 돌며 인류의 경험을 탐험하고자 한다면 많은 사람이 관련된 사건들을 찾아 오늘날 우리가 아는 국가들의 경계를 가로질러 여행해야 한다.

02

'시간 속 지구 여행'의 큰 그림 그리기

시간을 타고 여행하는 곳들은 인류에게 일어났던 사건들을 만날 수 있는 장소이다. 그러면 어떤 사건들을 찾아야 인류의 경험을 큰 그림으로서 이해할 수 있을까?

첫째, 과거에 여러 지역에 걸쳐서 일어나고 많은 사람에게 영향을 미친 사건.

둘째, 오늘날 세계가 형성되는 데 중요한 영향을 미친 사건.

셋째, 여러 지역에서 시간차를 두고 일어난 과거의 비슷한 사건.

넷째, 여러 집단을 교류하게 하고 갈등을 일으킨 사건.

이 네 가지 종류의 사건들은 사실 겹치기도 하고 연결되기도 한다. 첫째 종류의 사건이면서 둘째 종류의 사건이기도 한 경우가 있다. 즉 과거 많은 사람에게 영향을 미쳤으면서도 오늘날 세계가 형성되는 데 중요한 영향을 미친 사건도 있다. 또 셋째 종류의 사건이면서 첫째나 둘째 종류의 사건인 경우도 있다. 그럼에도 이렇게 구분하는 까닭은 한 사건에서 볼 수 있는 여러 측면을 살펴보자는 뜻이다. 예를 한번 들어볼까?

첫째, 여러 지역에 걸쳐 일어난 사건(현상)에는 어떤 게 있을까?

얼핏 보기에 먼 옛날에 일어나서 오늘날과 전혀 상관없어 보이지만, 과거에 상당히 많은 사람에게 영향을 주었던 사건·기술·사상·제도·문화 등이 있다.

예를 들면 14세기 중엽에 유럽과 북아프리카, 아시아 일부 지역에서 흑사병이라는 전염병이 유행했다. 이 질병으로 당시 유럽인의 3분의 1 이상이 죽었다. 질병이 한창일 때 이탈리아의 베네치아에서는 하루에 500~600명씩 쓰러져 죽었다고 한다. 많은 사람이 죽었으니 노동력도 당연히 줄어들었다. 살아남은 농민과 노동자의 노동력이 귀해지니까 노동 임금이 급격하게 상승했고, 이에 따라 식품류나 상품 가격도 올랐다. 비싼 임금 때문에 자신이 가진 많은 농지에서 농사를 지을 농민을 구하기 어려워 망하는 지주(농지의 소유자)도 늘었다. 지주도 형편이 어려워지니까 간혹 농민에게 과도한 세금을 매겼다. 그런데 농민도 살기 어려운 것은 마찬가지였으므로 세금이 너무 무겁거나 지주가 정말 너무한다 싶으면 농민이 난을 일으켜 지주를 공격하기도 했다.

흑사병이 많은 사람을 죽게 하면서, 지주·농민이나 노동자의 사회적 지위가 전과 확연히 다르게 변화되었다. 또 농사짓는 방식이나 기술도 달라졌다. 어떻게 달라졌을까?

14세기 흑사병은 오늘날 우리가 사는 이 세계가 형성되는 데 중요한, 오늘날과 직접 연결되는 사건은 아니다. 그러나 그 시기에는 매우 많은 사람에게 영향을 미쳤고 사회를 근본적으로 변화시켰던 사건이다.

이렇게 유럽의 흑사병처럼, 특정한 시기에 한 나라만이 아니라 여러 나라에 걸쳐 많은 사람의 삶에 영향을 미치고, 사회를 획기적으로 변하게 한 사건들이 있다.

또 다른 예를 들자면 로마나 당·몽골·오스만 튀르크 등의 제국 건설, 임진왜란, 제1차·제2차 세계대전 등과 같이 그 시기에 그 사건의 영향이 한 나라를 넘어 여러 지역에 미친 사건들이다. 특정한 시기에 많은 사람에게, 넓은 지역에 영향을 미쳤던 사건을 찾아보자. 그리고 그 사건이 사람의 생활에, 여러 사회에 어떤

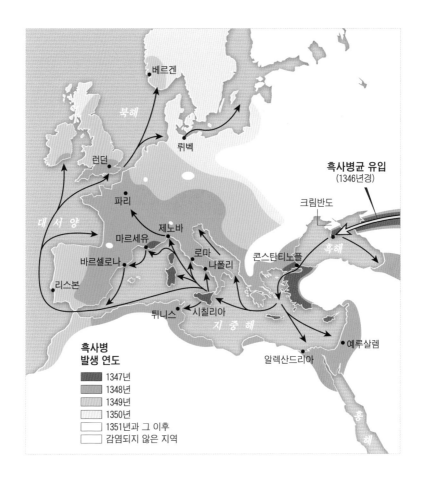

베르겐

북해

뤼베크

런던

파리

대서양

마르세유

제노바

로마

바르셀로나

리스본

나폴리

튀니스

시칠리아

지중해

흑사병균 유입
(1346년경)

크림반도

콘스탄티노플

흑해

예루살렘

알렉산드리아

홍해

**흑사병
발생 연도**

1347년
1348년
1349년
1350년
1351년과 그 이후
감염되지 않은 지역

• **흑사병(페스트)의 확산**

14세기 중엽에 유럽과 북아프리카, 아시아 일부 지역에서 흑사병이라는 전염병이 유행했다. 이 질병은
당시 유럽인의 3분의 1이상을 죽게 했다. 그런데 흑사병에 감염되지 않은 지역이 있다. 그 지역은 왜 감
염되지 않았을까?

변화를 가져왔는지 질문해보자.

둘째, 오늘날 이 세상이 형성되는 데 직접 영향을 준 과거의 사건·문화·기술이 있다.

종이·화약·인쇄술·항해술과 같은 물건이나 기술 발명이 여기에 포함된다. 또 언어와 문자·달력·시계·나침반·컴퓨터 등의 발명도 오늘날 우리에게 중요하다. 불교·기독교·이슬람교 등과 같은 여러 종교도 민족이나 인종 구별 없이 여러 지역 사람들이 믿게 되었고 아직도 사람들의 생활에 영향을 미치고 있다. 또 자본주의의 발생이나 민주주의 체제의 발전, 사회주의 사상의 탄생 등도 오늘날 우리가 사는 이 세계를 이해하는 데 중요한 사건이다. 그러면서도 이러한 사건들은 첫째 종류의 사건이기도 하다. 즉 여러 지역에 걸쳐 많은 사람에게 영향을 미쳤던 사건이다.

이러한 사건들 가운데 민주주의 정치 체제를 예로 들어보자. 오늘날 우리는 모든 사람이 평등하고 저마다 자유를 누릴 권리가 있다고 생각한다. 그러나 길고 긴 인류 역사를 생각해보면, 인류가 이러한 생각을 하기 시작한 것은 그리 오래되지 않았다. 만약 인류가 청동기를 사용하기 시작하면서 국가(통치 조직을 갖추고 일정한 영역의 사람들을 다스리는 단체)를 만들었다면, 인류가 국가라는 통치 체제 속에서 살게 된 역사는 약 6,000년 정도라고 할 수 있다.

그런데 모든 사람이 오늘날처럼 자유롭고 평등하게 정치에 참여해야 한다고 생각하면서 민주적인 정치 체제를 개발한 것을 만약 미국 혁명(1776)이나 프랑스 혁명(1789) 이후라고 한다면, 민주주의 정치의 역사는 길어야 200년이 좀 넘는다. 나아가 인종과 성별을 넘어 모든 사람이 참정권을 행사하게 된 역사는 더욱 짧다.

여성에게 세계 최초로 투표권을 준 것은 1893년 뉴질랜드이다. 1789년 프랑스에서 시민 혁명이 일어나 「인간과 시민의 권리 선언」을 발표했지만, 이때 여성은 '인간' 또는 '시민'으로 인정받지 못했다. 약 150년이 지난 1946년에 이르러서야 비로소 프랑스는 여성에게 참정권을 허용했다. 최근 2015년에야 여성이 투표권을 갖게 된 나라(사우디아라비아)도 있다. 이렇듯 혁명적인 변화가 있기 전에는 사람들은 신분이나 계급·성별에 따라 권리나 의무가 다른 것이 당연하다고 생각했다.

그렇다면 이러한 획기적인 생각의 변화는 어떻게 일어나게 되었을까? 오늘날 많은 사람의 일상에 영향을 미치는 기술·사상·풍습·물건·제도·종교·규범·가치 등은 어떻게 지금과 같은 형태가 되었을까? 이런 질문에 대한 해답의 실마리가 되는 사건들을 찾고 그 사건이 일어난 장소로 가보자. 그런 사건들을 추적하는 시간 여행을 하며 현재와 과거가 어떻게 다른지, 무엇이 변했고 또 무엇이 변하지 않았는지 질문을 던져보자.

셋째, 여러 지역에서 비슷해 보이는 사건(현상)이 일어났다

오늘날의 역사가들은 기원전 4000~기원전 1500년 사이에 메소포타미아·이집트·인도·중국에서 고대 문명이 발생했다고 본다. 각각의 문명이 발생한 시기는 다르지만, 그 문명들 사이에서 비슷한 현상을 발견할 수 있다. 메소포타미아 문명은 유프라테스강, 이집트 문명은 나일강, 인도 문명은 인더스강, 중국 문명은 황허강 유역에서 발생했다. 이 네 개의 문명을 보면 고대 문명은 큰 강 유역에서 발생했다고 말할 수 있다. 문명이 탄생한 지역의 사람들은 문자를 만들어 사용했다. 이 문명 지역에서는 왕의 무덤이나 신전 등 매우 거대한 건축물을 만들었다. 중국이나 이집트에서는 왕의 무덤을, 메소포타미아에서는 신전을, 그리고 인도에서는 목욕탕을 거대한 건축물로 만들었다. 이렇게 여러 고대 문명에서 비슷한 점을 발견할 수 있다.

그런데 학자들은 이집트에서 피라미드를 세운 시기보다 2,000년 또는 1,500년 뒤에 중앙아메리카나 남아메리카에서도 피라미드

- **이집트 피라미드**

  이집트 카이로 근교의 기자에는 기원전 2500년대에 세워진 쿠푸 피라미드가 있다.

- **테오티와칸 달의 피라미드**

  멕시코시티 북쪽 테오티와칸에 있는 고대 피라미드이다(축조 시기 기원전 1세기경~기원후 7세기경 사이로 추정).

가 세워진 것을 알아냈다. 중앙아메리카의 테오티와칸 유적에서 1세기에서 7세기 사이에 건설된 피라미드는 이집트의 피라미드와는 다른 방식으로 건설된 것으로 보인다.

그럼에도 어떻게 비슷한 건축물들이 아프리카와 아메리카라는 서로 다른 대륙에 세워졌을까? 두 지역의 사람들이 서로 왕래했다는 흔적을 발견하지는 못했다. 비슷한 역사적 패턴을 보여주는 고대 문명지를 찾아 여기저기 시간 여행을 다녀보자. 무엇이 비슷하고 무엇이 다른가? 이 고대 문명 시기에 만들어진 종교·사상·문자·법·기술 등이 이후 어떻게 누구에게 계승되고 발전되었을까? 무엇이 달라지고 또 사라졌을까?

또 다른 예를 살펴보자. 역사상 여러 왕조가 일어났다가 멸망했다. 그 가운데에는 작은 왕조도 많았지만 언어·풍습·종교 등이 다른 여러 민족을 통치했던 큰 제국도 있었다. 여러 민족을 한 민족의 지배층이 다스리는 경우를 '제국'이라고 한다.

기원전 8세기~기원후 5세기 사이에 페르시아 제국·로마 제국·흉노 제국·한 제국 등이 있었다. 5~12세기 사이 동아시아에는 당·돌궐·위구르·토번(티베트)이 있었다. 서아시아와 지중해, 북아프리카에는 아바스 제국을 비롯한 이슬람 제국이, 유럽에는 정치적 연방체 성격이 강했던 신성로마 제국이, 그 동쪽에는 비잔티움 제국이 있었다. 13~14세기 중반까지는 몽골 제국이 아시아 대부분을 차지한 거대 제국을 세웠다. 14세기 중반 이후, 오스만 제국·무굴 제국을 비롯한 여러 이슬람 제국, 중국 지역에는 명과 청 제국도 있었다. 유럽에는 프랑스·영국 등의 나라가 성장하는 와중에도 신성로마 제국이 건재했다. 중남아메리카에서는 아스텍과 잉카 제국이 그 지역을 다스리고 있었다. 하나의 민족이 나라를 세운 뒤, 다른 민족들을 정복하고 다스렸다. 그리고 그 민족들은 몇백 년에 걸쳐 제국을 유지했다.

19세기와 20세기 초에 서유럽 열강들이 제국으로 발전하면서 세계 여러 지역을 식민 통치했다. 이 시기를 우리는 제국주의 시대라고 부르기도 한다. 제2차 세계대전 이후 많은 식민지가 독립하면서 제국주의 시대는 막을 내린다.

제국은 그 넓은 영역을 어떻게 유지하고 통치했을까? 19세기 이후에는 증기기관을 이용한 교통수단이 발달했다. 그러나 그전에는 넓은 영토에서 어떻게 서로 연락하며 제국을 유지했을까? 제국 내에 민족끼리 서로 말도 다르고 종교나 풍습도 다양한데, 넓은 지역에 사는 많은 민족을 다스리려면 어떤 제도나 정책이 필요했을까? 통치자들은 제국 통치를 위해 어떤 점을 고민하고 또 어떤 제도를 마련했을까? 혹시 반란을 일으키거나 제국 통치

- **한 제국과 로마 제국**(위)

  한(漢)은 유교를 가르쳐 서로 다른 풍습을 가진 민족들을 다스렸고, 로마는 만민법을 만들어 영토 내의 많은 민족에게 공통적으로 적용했다.

- **이슬람 제국과 당 제국**(아래)

  8세기에 이슬람 제국과 당 제국은 중앙아시아 패권을 차지하기 위해 경쟁했다. 탈라스 전투에서 이슬람 제국이 당에게 승리하면서 중앙아시아 교역로는 이슬람 제국이 관할하게 되었다.

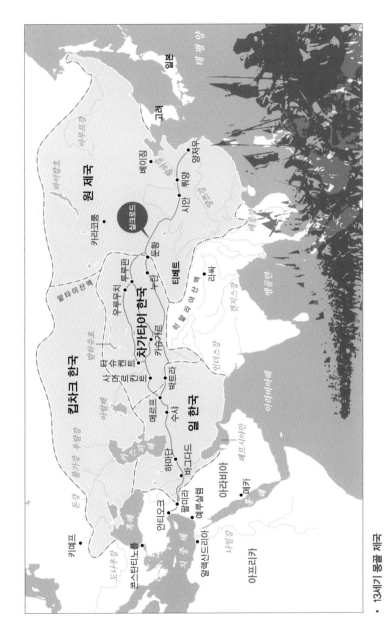

• 13세기 몽골 제국

그동안 간접적으로만 연결되던 지중해 세계와 동아시아가 몽골 제국 시기에 직접적으로 연결됐다. 그런면서 이 시기에 마르코 폴로와 같은 여행자들이 오갔다.

02 '시간 속 지구 여행'의 큰 그림 그리기   **041**

에서 벗어나려고 했던 민족이나 집단은 없었을까? 제국 내의 다양한 민족들은 제국의 통치를 어떻게 생각했을까? 불만은 없었을까? 주변의 작은 나라들은 제국과 어떤 관계를 유지했을까? 이렇게 여러 질문을 던지면서, 서로 다른 시기에 존재했던 제국들을 비교하며 돌아다니다보면 제국의 속성을 이해하는 데 도움이 된다.

'17세기 위기론'이라는 흥미로운 이론이 있다. 학자들은 17세기 세계 여러 지역의 역사를 자세히 비교하고 연구하면서 유라시아 각 지역에서 재난이나 갈등이 거의 동시다발적으로 일어났다는 놀라운 사실을 발견했다. 이들은 이 시기에 지구 전체가 엄청난 위기를 맞이했다고 주장했다. '17세기 위기론'을 맨 처음 주장한 사람은 1950년대 홉스봄(Eric Hobsbaum)과 트레버-로퍼(Hugh Trevr-Roper)라는 학자이다. 이들은 17세기와 18세기 초 유럽 전역에 종교·정치·경제·사회 문제가 나타났고 전쟁과 난이 잇달아 일어났으며, 그 결과 유럽이 큰 위기에 빠졌다고 주장했다.

17세기 영국에서 오늘날 우리가 청교도 혁명, 명예 혁명이라고 부르는 사건이 일어났다. 영국은 명예 혁명으로 오늘날과 같이 의회가 구성되어 헌법에 따라 통치하는 입헌군주제를 만들었다. 독일이나 프랑스에서는 로마가톨릭교회가 부패했다고 비판하면서 교회개혁을 주장하는 종교개혁이 일어났다. 종교개혁으로 프로테스탄트(개신교)가 탄생했다. 그리고 곧이어 독일에서 로마가톨릭을 지지하는 영주들과 프로테스탄트를 지지하는 영주들이 30년 동안 전쟁을 벌였다. 우리는 이 전쟁을 '30년전쟁'이라고 부른다. 포르투갈에서는 에스파냐 왕위를 누가 계승할 것인가를 놓고 전쟁이 일어났다.

홉스봄은 이러한 갈등과 전쟁 원인이 당시 유럽의 사회·경제적 변화와 관련 있다고 주장했다. 반면, 트레버-로버는 유럽 문화의 변화와 관련 있다고 주장했다. 유럽에서 르네상스(14~16세기)가 일어나고 종교 개혁(16~17세기)이 이루어지면서, 옛 문화를 유지하고자 하는 사람과 새로운 문화를 만들고자 하는 사람 사이에 충돌이 일어났다는 것이다. 처음에는 17세기에 유럽만 위기에 빠진 것으로 생각했다. 그런데 최근에 와서는 17세기와 18세기에 유럽만이 아니라 전 세계의 다른 대륙들 역시 위기를 맞이했다는 주장도 나왔다. 17세기 세계에 과연 무슨 일이 벌어진 걸까?

동아시아의 조선에서는 16세기 말, 좀 더 정확히 말하자면 1592년에 임진왜란이 일어나 7년 동안 지속됐다. 임진왜란이 끝난 후 중국에서는 명 제국이 멸망하고 청 제국이 들어섰다. 얼마후, 청이 조선에 쳐들어왔으며(병자호란, 1636), 조선의 왕은 청 제국의 황제 앞에 나아가 무릎을 꿇고 굴욕적인 항복을 해야 했다(삼전도의 굴욕, 1637). 러시아에서는 대기근이 있었고, 로마노프 왕조가 들어섰다.

서아시아에서는 오스만 제국에서 술탄(이슬람 세계의 정치적 지도자)이 살해되는 등 혼란에 빠지기도 했다. 또 오스만 제국은 현재 오스트리아의 빈에 쳐들어갔다가 크게 패하고 결국 남동 유럽에서의 주도권을 잃었다. 이 밖에도 17~18세기 오스만 제국은 여러 나라와 전쟁을 벌였고, 그 결과 그동안 유럽 여러 나라에게는 위협적이었던 오스만 제국이 오히려 유럽 여러 나라로부터 위협을 받는 나라로 변해가기 시작했다.

18세기 초에는 이탈리아 베수비오화산과 그리스 산토리니섬, 일본 후지산, 인도양 레위니옹섬 등 네 개의 화산이 폭발했다. 이 외에도 18세기 미국을 비롯한 남북아메리카의 여러 나라에서도 독립 혁명이 일어났다.

학자들은 17~18세기에 유럽을 비롯한 지구의 여러 지역에서 갈등·혁명·전쟁·재난이 일어났다는 사실을 알게 되었다. 이들은 '왜 하필 이 시기에 지구 곳곳에서 그렇게 많은 갈등과 전쟁·재난이 일어났을까'라는 질문을 던졌다.

이에 대한 답으로 내린 결론 중 하나가 '기후 변화'이다. 17세기에 지구의 기온이 급격하게 떨어져 소빙하기를 맞이하면서 지구의 여러 지역이 위기를 맞이했다는 것이다. 학자들은 17세기에 소빙하기로 인한 자연환경 조건 악화로 여러 지역에 기근이 들었다고 주장했다. 이에 사람들이 살기 어려워지면서 난이 일어나고 전쟁이 벌어졌다는 것이다. 이런 이론을 주장한 학자들은 이 시기에 여러 지역에서 가뭄이 들고, 냉해 피해가 심했다는 기록들을 찾아냈다. 또 유성이 지구에 다른 때보다 많이 떨어졌다는 사실도 알아냈다.

우리나라에도 기후 변화가 있었을까? 우리나라의 역사학자들도 17세기 위기론을 읽으며 조선에도 기후 변화가 있었는지 살펴봤다. 그들은 『조선왕조실록』에서 가뭄·냉해·유성에 대한 기록을 찾아 통계를 냈다. 그러나 약간의 문제가 있었다. 임진왜란 당시 약 25년간의 실록 자료가 없어져 관련 기록을 모두 모을 수는 없었던 것이다. 아무튼 수집된 자료를 모두 모아 통계를 낸 결과, 조선에서는 15세기부터 18세기까지 재난이 이어졌다는 것을 알게 됐다. 말하자면, 조선에서는 위기가 17세기 이전부터 시작됐다는 의미이다.

과연 기후 변화로 인해 17세기와 18세기에 세계의 여러 지역에서 재난이 일어났던 것일까? 이것은 하나의 지역 역사만 살펴보아서는 생각해내기 어려운 질문이며, 여러 지역에서 일어난 사건들을 함께 자세히 비교하고 검토해야만 떠올릴 수 있는 질문이다.

각 지역에서 일어난 갈등과 전쟁의 구체적인 원인은 다르다. 이러한 사건들의 개별적인 원인과 결과를 보는 방법으로 시간여행을 할 수 있다. 그런데 특정 시기의 여러 지역을 다니면서 여러 공통적인 현상을 찾아보는 것도 재미있다. 이러한 공통 현상들을 살펴보면서 지구 전체에 어떤 큰 변화가 있었는지 탐구해볼 수도 있다. 17세기 위기론은 때로 기후 변화나 지진·유성 등의 우연적인 요소가 인류 역사에 영향을 미칠 수도 있다는 점을 가르쳐준다.

아마도 앞으로 읽게 될 여러 세계사 책들에서 다음의 세 가지 사건을 만나게 될 것이다.

첫째, 과거에 여러 지역에 걸쳐서 일어나고 많은 사람에게 영향을 미친 사건.

둘째, 오늘날에도 많은 사람에게 영향을 미치고 있는 과거의 사건.

셋째, 여러 지역에서 시간차를 두고 일어난 비슷한 사건.

제2장에서는 넷째, 집단들을 서로 교류하게 하고, 또 갈등하게 했던 사건들을 어떻게 연결하면서 여행할 수 있는지 좀 더 자세히 설명하고자 한다. 물론 다른 책에서도 이러한 사건들을 목격하게 될 것이다. 그러나 여러분이 제2장에서 그러한 교류나 갈등의 역사를 큰 그림으로 그린 후 여행 계획을 세우고 출발하면 다른 책들을 좀 더 재미있게 읽을 수 있을 것이다.

오늘날 우리가 생각하는 것보다 인류가 교류한 역사, 서로 얽혀 살아온 역사는 길다. 학자들은 먼 곳에 떨어져 살던 사람들이 서로 접촉하면서 기술·종교·식생·병균 등이 전 세계로 퍼졌을 것이라고 설명한다. 먼 곳에 떨어져 살았던 집단들은 여러 방식으로 접촉했다. 이들은 구체적으로 어떤 방식으로 접촉하고 어떤 문화를 서로 교환했을까?

역사 기록으로 알아본 정화 보선의 크기

명나라의 영락제는 주변 국가들과 외교관계를 맺고 명에게 조공을 바치게 하려고 정화를 거대한 규모의 수군과 함께 파견했다. 정화는 거대한 원정대를 이끌고 1405년에서 1433년 사이에 일곱 차례에 걸쳐 중국 남쪽에서 시작해 동남아시아·서남아시아·아프리카 동부까지 수십 개국에 원정을 다녀왔다. 기록에 따르면 1405년에 정화는 240여 척의 배에 2만 7,800명의 선원을 이끌고 원정을 나갔다고 한다. 어마어마한 규모의 함대이다. 그리고 1433년 제7차 원정 때 정화가 탔던 배(보선)는 현재의 척도로 보면 길이 134미터(어떤 사람은 151.18미터라고 주장한다), 폭 54.5미터(또는 61.6미터)의 4층 규모의 약 1,700톤급으로 2만 4,800여 명의 선원이 탔다고 한다.

　15세기 말 바스코 다 가마라는 포르투갈 사람이 아프리카의

• **정화의 배와 콜럼버스의 배**
  콜럼버스가 항해에 사용한 배는 233톤급 두 척이었고, 선원은 88명이었다. 정화의 배는 콜럼버스 배의
  여섯 배가 넘는 크기였고, 선원은 거의 30배에 다다랐다.

남단을 돌아 인도로 향해했을 때 사용한 배가 120톤급 세 척이었고 여기에 승선했던 선원이 170명 정도였다. 그리고 콜럼버스가 1492년 대서양을 건너 아메리카로 갔을 때 항해에 사용한 배는 233톤급(250톤급이라는 주장도 있음) 두 척이었고, 선원은 88명이었다. 정화의 배는 콜럼버스 배의 여섯 배가 넘는 크기였고, 선원은 거의 30배에 다다랐다.

중국에 남아 있는 기록을 그대로 믿는다면 정화가 탔던 배의 크기는 오늘날 학교 운동장보다 훨씬 크다. 그렇다면 당시 명나라의 조선술(선박 제조술)은 오늘날보다도 더 뛰어났을 가능성이 있다. 현대의 조선공학으로는 나무로 150미터 길이의 선박을 건조한다는 것이 거의 불가능하기 때문이다. 그래서 정화의 배에 대한 중국 기록을 믿을 수 있는가에 대해 학자들 사이에 논란이 있다.

정화의 배는 정말 그 정도 크기였을까? 몇몇 중국 학자들은 기록에 있는 크기보다는 좀 작았을 것이라고 한다. 길이가 50미터 정도에 600톤 정도였을 것이라고 추정하는 학자도 있고, 길이가 70미터 내외이며 1,000톤이나 1,500톤 정도는 되었을 것이라고 주장하는 학자도 있다. 중국은 2006년에 정화의 원정을 기념하기 위해 정화가 탔던 보선을 복원했다. 「한겨레」 신문 보도(2006년 9월 25일자)에 따르면 복원한 보선은 길이 63.3미터, 폭 13.8미터, 배수량 1,300톤에 한꺼번에 400명을 태울 수 있는 중간급 범선이다. 그러니까 기록에 있는 보선 길이의 반 정도로 작게 복원한 것이다.

여러분은 정화 보선의 크기가 어느 정도였다고 생각하는가? 정화 보선의 크기에 대한 논쟁은 남아 있는 기록 하나만으로 과거에 있었던 일을 정확하게 알 수 없다는 점을 알려준다.

1492년 콜럼버스가 대서양을 건너서 가려고 했던 곳은 인도일까?

이탈리아인 콜럼버스는 1492년 8월 2일 에스파냐에서 출발하여 인도로 향했다. 당시 사람들은 인도로 가기 위해서는 남쪽 바다로 항해했다. 그러나 그는 카나리제도 쪽으로 항로를 잡고 남서쪽으로 항해를 했다. 당시의 유명한 지도 제작자인 토스카넬리에게 보낸 편지에서 콜럼버스는 서쪽으로 항해해서 인도에 가겠다고 썼다. 그는 왜 그렇게 인도에 가고 싶어 했을까? 그가 가고 싶어 했던 곳은 인도가 맞을까? 그가 항해할 때 들고 갔던 지도와 책이 있다. 어떤 지도일까?

　다음의 지도는 1491년 제작된 마루테누스 지도(Marutellus map)이다. 1492년 콜럼버스가 처음으로 대서양을 건널 때 사용했거나 적어도 참고했던 지도라고 알려져 있다. 마루테누스 지도는 1세기경 그리스의 프톨레마이오스가 그렸다는 지도를 참고하고,

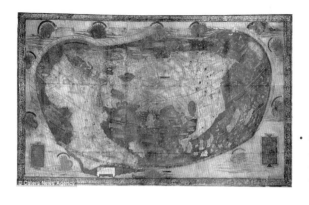

『마르코 폴로 여행기(동방견문록)』나 당시 포르투갈인의 여행 기록을 참고하면서 그렸다. 콜럼버스가 처음 바하마 군도에 발을 내디뎠을 때 그는 그곳이 일본과 매우 가깝다고 생각했다. 왜냐하면 마루테누스 지도의 가장 오른쪽에 일본이 그려져 있었기 때문이다. 이 지도에는 일본에 대해 다음과 같은 말이 숨겨져 있다. 학자들이 지도에서 숨겨진 글들을 찾아서 복원했다.

"이 섬은 만지(중국) 지방의 대륙으로부터 1,000마일 떨어져 있다. 여기 사람들은 자신의 고유한 언어를 사용하고 이 섬의 둘레는 [이 부분은 흐려서 읽을 수 없다] 마일이다."

- Smithonian.com

　콜럼버스가 가져갔던 책에는 『존 만데빌 여행기』와 『마르코 폴로 여행기』도 있었다. 『존 만데빌 여행기』는 14세기에 영국의 기사가 에티오피아·인도·중국 그리고 성스러운 땅을 여행하는 이야기이다. 이 책에는 입이 없는 피그미족을 포함한 괴물들이 그려져 있다.

　콜럼버스는 『존 만데빌 여행기』를 읽으면서 미지의 세계에 대해 어떤 상상을 했을까? 콜럼버스는 배에서 계속 『마르코 폴로 여행기(『동방견문록』)』를 읽으면서 항해 일지에 이제 곧 그레이트 칸(몽골 제국의 황제)을 만날 것이라고 적었다. 콜럼버스는 인도에 가면 칸을 만날 수 있을 것이라고 생각한 것이다. 그렇다면 콜럼버스가 가고 싶어 했던 곳은 인도일까 중국일까? 그의 항해 일지를 보면 중국이었을 가능성이 크다.

여행을 위해서는 여행 계획을 짜야 한다. 여행하는 지역에서 많은 것을 보기 위해서 그 지역에 있는 유적이나 박물관, 또 아름다운 바닷가, 숲 등을 조사하고 그곳들을 연결하여 여행 경로를 짠다. 그러나 우리가 하는 여행은 상상의 나래를 펼치는 여행이다. 한 민족의 경험을 시간의 순서대로 따라가면서 하는 여행은 그 민족이 살아온 터전에서 벗어나지 않는다. 그러나 인류와 만나는 시간 여행은 지구상의 여러 곳을 빛의 속도로 옮겨 다니면서 할 수 있는 여행이다. 그러니 지리적 제약을 벗어나 여행 경로를 짜보자. 인류는 오늘날 우리가 생각하는 것보다 훨씬 오래전부터 지리적 제약을 넘어서 왕래했다. 인류가 먼 길을 오가며 교류한 역사, 서로 영향을 주고받으며 살아온 역사는 길다. 그 길을 따라가며 여행 경로를 짜보자.

제2장

시간 여행 경로 짜기

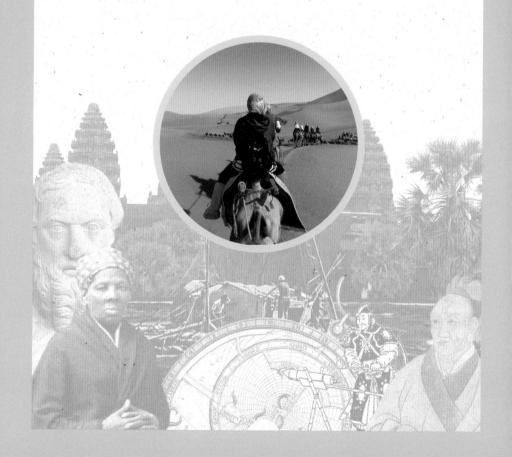

01

이주로를 따라가볼까?

오늘날을 '이주(移住)의 시대'라고 한다. 텔레비전에 난민이나 이주민에 대한 이야기가 많이 나온다. 이제 외모만 보고는 한국인·호주인·인도인으로 구분하기가 점점 어려워지고 있다.

매우 오래전부터 비교적 가까이에 있는 중국은 물론이고 그보다 훨씬 먼 나라들에서 한국에 '이주민'이 들어왔다. 이들 중에는 무역하러 왔다가 정착한 사람들도 있고, 북방 민족 출신으로 고려나 조선에 귀화한 사람들도 있다.

인류 역사는 이주의 역사라고 할 수 있을 정도로 이주는 인류에게 항상 있었던 일이다. 집단으로 이주한 민족들도 많다. 현재 유럽에 사는 게르만족은 물론이고 인도나 이란에 사는 사람들, 또는 터키에 사는 사람들이나 한반도에 사는 사람들도 모두 다른 지역에서 이주해온 집단이다. 이들은 어디서 왔을까?

민족이 집단적으로 이주한 경우도 있지만 개인이나 가족 단위로 이주한 경우도 있다. 기원전 2000년경 유대인은 메소포타미아에 살다가 팔레스타인으로 이주했다. 그런데 다시 그 땅을 떠나 유럽 대륙으로 흩어져 들어갔다. 이렇게 흩어져 살면서도 오늘날까지 자신의 언어인 히브리어와 종교인 유대교를 지키면서 고유한 풍속을 유지하고 있다.

반투족은 북부 아프리카에서 아프리카 전 대륙으로, 중국 화교는 중국 대륙에서 바다를 건너 동남아시아 전역으로 퍼져나갔다. 19세기 아일랜드인을 비롯한 유럽인들은 미국으로 일자리를 찾아 대거 이주했다. 19세기 말부터 20세기 초에 이르기까지 중국인·한국인·일본인·필리핀인 역시 미국으로 이민했다. 하나의 집단이지만 개별적으로 오랜 시간 동안 서서히 퍼져나간 경우를 '이산(離散)'이라고 한다. 그들은 왜 자신들이 살던 익숙하고 정든 곳을 떠나 언어도 음식도 종교도 사람도 다른 낯선 곳으로 이주할 생각을 했을까?

더러는 강제로 이주당한 사람들도 있다. 17~19세기 사이에 아프리카인이 노예 신세가 되어 아메리카 대륙으로 강제로 끌려 갔다. 20세기에 소련 정부는 오늘날 '고려인'이라고 부르는 사람들을 중앙아시아로 강제 이주시켰다. 그들은 왜 강제 이주를 당해야 했을까?

자신이 태어나 자란 땅을 떠나 다른 곳으로 이주한 집단을 찾아보고 그 집단에 속한 사람들에게 물어보자.

"당신은 왜 이주를 하게 되었는가?"

"이주민들이 가지고 간 것, 또 다른 지역에 가서 새롭게 받아들인 것은 무엇인가?"

"버린 것은 무엇인가?"

"이주해 들어간 지역에 살던 원주민과는 어떻게 지냈는가?"

"힘들지는 않았는가?"

"어떤 문제들에 부딪혔고 그 문제를 어떻게 해결했는가?"

이주자들을 받아들인 지역의 원주민에게도 물어보자.

"이주해온 사람들에 대해 어떻게 생각했나?"

"그들이 가져온 것이 원주민의 삶을 어떻게 변화시켰나?"

"이주민과 어떻게 살았나? 혹시 문제가 있었나? 문제가 있었다면, 그 문제를 어떻게 해결했나?"

사람들이 대규모 집단으로 이주하는 까닭은 무엇일까? 어떤 민족들이 왜 이주했는가에 대한 기록이 많이 남아 있지 않아서 정확히 알기는 어렵다. 그러나 세계사에서 이주했던 여러 민족의 사례를 비교·검토해보면 이주의 몇 가지 패턴을 그릴 수 있다. 기후 변화나 지진, 화산 폭발 같은 천재지변의 영향을 받은 자연조건으로 인해 농업이나 유목 등이 어렵거나, 전염병 때문에 많은 사람들이 죽어가서 마을에 사람이 더 이상 살 수 없을 때, 사람들은 자신이 살던 곳을 떠나 다른 곳으로 이주했다.

또한 외적의 침입이나 전쟁의 위험을 피해서, 다른 지역을 정복하러 먼 길을 떠났다가 고향으로 돌아가지 못하고, 또는 인구는 증가하는데 식량이 부족해서, 아니면 다른 민족이 박해를 해서 이주하기도 했다. 집단 이주는 몇백 년에 걸쳐서 이루어지기도 하고, 때로는 몇십 년 안에 이루어지기도 한다.

이주로를 따라가보자. 여러 집단의 이주를 비교하면서 비슷한 패턴들도 찾아보자. 그러면서 집단 이주가 인류의 삶을 어떻게 비슷하게 했는지, 또는 어떻게 다르게 만들었는지 생각해보자.

인류는 태어나면서 이주하고

구석기 시대의 대표적 유물인 찍개·주먹도끼 등의 뗀석기가 아프리카·유럽·아시아 등에서 공통으로 발견된다. 이러한 현상을 어떻게 설명할 수 있을까? 가설을 세워보자.

첫째, 도구 만드는 기술을 가진 사람들이 여러 지역으로 흩어져 나가 살았다.

둘째, 사람들이 주변 지역과 교류하면서 기술이 자연스럽게 전파되었다.

셋째, 다른 지역과 교류 없이 서로 각 지역에서 독자적으로 돌을 떼는 기술을 알아내서 뗀석기 도구를 만들었다.

여러분은 어떤 가설에 더 끌리는가? 구석기 도구 가운데 고도의 기술 발달을 보여주는 것은 구석기 후기에 만들어진 주먹도끼이다. 구석기인이 주먹도끼 만드는 법도 서로 교류 없이 각 지역에서 독자적으로 개발했을까?

학자들은 여러 화석·집터에 대한 인류학·고고학적 자료에 기초하여 첫 번째나 두 번째 가설이 맞다고 할 것이다. 여기에 유전자학이 인류가 아프리카에서 태어나 아프로-유라시아(아프리카·유럽·아시아)로 퍼져나갔다는 점도 과학적으로 입증해준다.

1947년에 헤이에르달(Thor Heyerdahl)이라는 노르웨이의 탐험가이자 생물학자가 아주 재미있는, 그러면서도 모험적인 실험을 했다. 이 실험을 '콘-티키(Kon-Tiki) 탐험'이라고 부른다. 이 실험을 설명하기 위해 리버스(William Halse)라는 학자의 이론을 먼저

- **세계 여러 지역에서 출토된 주먹도끼**

  구석기 시대의 대표적 유물인 주먹토끼는 아프리카·유럽·아시아 등 세계 여러 지역에서 공통으로 발견된다.

· 헤이에르달의 콘-티키 탐험
헤이에르달은 잉카인이 사용한 뗏목으로 태평양을 건널 수 있다는 것을 보여주기 위해, 직접 잉카 뗏목을 만들고 101일 동안 6,920킬로미터를 항해해서 콘-티키 항에 성공적으로 도착했다.

살펴보자. 리버스는 태평양 여러 섬에 정착한 민족들에 대해 연구하고 있었다. 연구 결과 태평양의 섬들을 크게 세 개 지역으로 구분했다. 그 세 지역은 미크로네시아·멜라네시아·폴리네시아이다. 그리고 사람들이 서쪽에서 동쪽으로 이주하면서 태평양 섬에 정착했다고 주장했다. 이 주장에 따르면, 동남아시아 지역에서 태평양의 섬들로 사람들이 이주해온 것이 된다.

그런데 헤이에르달은 아메리카의 페루에 있는 석상이 폴리네시아섬의 석상과 비슷하고, 두 지역 사이에 식물을 부르는 이름도 비슷하다는 점에 착안하여 태평양 섬 주민들은 서쪽이 아니라 동쪽, 즉 아메리카 쪽에서 이주해왔다고 주장했다. 즉, 그는 페루 주변에 살던 사람들이 처음으로 폴리네시아 지역으로 이주했다고 주장했다. 또 초기 아메리카인이 태평양의 섬으로 아메리카의 농작물·농경 기술·종교 등을 가져갔다고도 했다.

그런데 학자들은 그렇게 이주가 일어날 시기에 아메리카에서 태평양으로 항해할 수 있는 기술이 없었으므로 불가능하다고 주장하면서 헤이에르달의 가설이 틀렸다고 비판했다. 유럽인이 처음 와서 페루 지역에 있었던 잉카 문명 사람들이 사용한 뗏목을 보고 기록을 남겼는데, 그 뗏목으로는 도저히 태평양을 가로지를 수 없다고 생각한 것이다. 그러자 헤이에르달은 잉카인이 사용한 뗏목으로 태평양을 건널 수 있다는 것을 보여주기 위해, 직접 잉카 뗏목을 만들고 101일 동안 6,920킬로미터를 항해해서 콘-티키 항에 성공적으로 도착했다. 이 엄청난 모험이자 실험은 고대인에 대한 사람들의 생각을 바꿔놓았다.

그런데 헤이에르달의 주장은 1960년대 카발리-스포르차(Cavalli-Sforza)와 그 팀의 유전자 학자들이 그린 유전자 지도로 틀렸다는 것이 확인되었다. 학자들이 유전자를 비교하면서 인류들

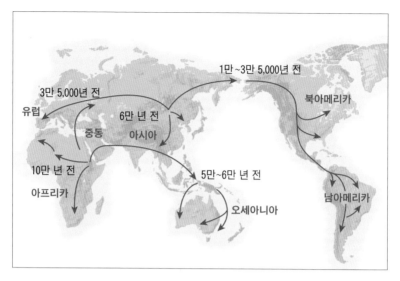

• 유전자 지도

카발리-스포르차 등이 그린 유전자 지도. 이 지도로 잉카인이 사용했던 뗏목으로 태평양을 건널 수 있
다고 한 헤이데르달의 주장이 틀렸다는 것이 증명됐다.

사이의 혈연관계를 연구하고 지도로 그렸는데, 이것이 유전자
지도이다. 유전자 지도를 그려보니 타이완·동남아시아에서 태평
양 방향으로 사람들이 이주했다는 것이다.

그런데 유전자로만 인류의 이동을 설명할 수는 없다. 유전자
로 설명할 수 없는 부분이 너무도 많기 때문이다. 그래서 오늘
날 학자들은 인류학·고고학·역사학·유전학 등 여러 연구를 통
해 인류 이주의 역사를 설명한다. 그리고 인류가 아프리카에서

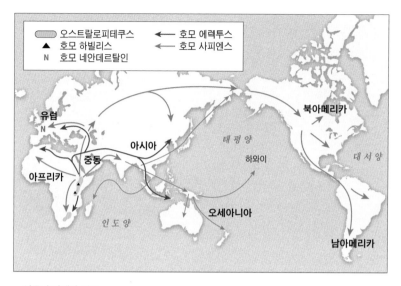

• **인류의 탄생과 이동**
인류의 이주를 나타낸 지도. 호모 에렉투스와 호모 사피엔스는 유럽과 아시아 전역으로 이동했다.

태어났고, 이후 아프리카에서 벗어나 서아시아를 거쳐 아시아와 호주로, 다시 아메리카로 이동했다는 점을 밝혀냈다.

호모 하빌리스(Homo Habilis)는 처음으로 도구를 사용한 인류인데, 단 한 번도 아프리카를 벗어난 적이 없었다. 가장 먼저 이동을 시작한 인류는 호모 에렉투스(Homo Erectus)이다. 직립보행을 한 호모 에렉투스는 아프리카에서 태어나 유럽과 아시아 전역으로 퍼져나갔다. 호모 사피엔스(Homo Spiens) 역시 아프리카에서 태어나 유럽과 아시아 전역으로 이동했다. 다만 호모 사피엔스(Homo Sapiens Sapiens)는 아프리카만이 아니라 아시아와 유럽 여러 지역에서 탄생했다는 설이 유력하다. 그러나 그들도 이후 여기저기 살 곳을 찾아 다른 지역으로 이동했다.

그런데 호모 에렉투스나 호모 사피엔스는 왜 아프리카에 그냥 머물러 살지 않고 다른 대륙으로 이동했을까? 이 점은 여전히 미스터리로 남아 있다. 이러한 미스터리 덕분에 과거 사람들을 따라다니며 여행하는 것이 매력적인 일이 되기도 한다.

17세기 유럽의 언어학자들이 영어·독일어·라틴어·그리스어·고대 페르시아어·현대 유럽어 사이의 유사성을 발견했다. 18세기에 영국의 한 언어학자는 인도인이 신성한 언어로 여기는 산스크리트어가 라틴어·그리스어와 유사하다는 것을 알아냈다. 그는 연구를 지속하면서, 언어의 유사성을 중심으로 인류를 구분했다.

예를 들면 인도-유럽어족·우랄어족·중국-티베트어족·오스트로네시아어족·아메리카 원주민 제어족 등 수십 개의 어족으로 구분할 수 있다. 이렇게 언어가 유사하다는 것은 이들이 하나의 민족이었고, 여러 지역으로 이동했다는 증거로 볼 수 있다. 최근에 우리나라와 해외에서 민족들의 이동 경로를 추적한 다큐멘터리가 제작되기도 했다. 예를 들면 〈몽골리안 루트〉나 〈인류의

대서양

타호강

아프리카

센강

라인강

론강

볼가강

독일계

켈트족

발트족

비스와강

이탈리아계

슬라브인 유럽

일리리아

드네프르강

돈강

초기의 인도-유럽어족

북해

트라키아

그리스계

도나우강

루마니아

흑해

지중해

나일강

유프라테스강

아나톨리아

인도-유럽어족

히타이트

티그리스강

우랄강

인도 아리안 어족

카스피해

아시아

• 인도-유럽어족의 확산 가설

유럽의 언어학자들은 언어로 분리하면 유럽인과 인도인 · 이란인 등이 같은 계통의 민족이라고 한다. 이들이 어떻게 흩어져 살게 되었는가에 대해서는 몇 가지 가설이 있다. 위의 지도는 인도-유럽어족의 후예가 다른 지역으로 퍼져나갔다는 가설에 기초해 만든 것이다.

위대한 여행〉과 같은 작품이 있다. 이러한 다큐멘터리를 찾아보면서 글이 아닌 영상으로 역사를 쓰는 꿈을 키워보자.

이주로를 통해 확산된 기술·동물·식물·병균

기원전 3000년에서 기원전 1000년 사이에 인도-유럽어족은 인도·이집트·지중해 등 여러 지역으로 이동했다. 오늘날 이들 지역에 사는 사람들의 모습은 다르지만, 언어는 같은 계통의 민족임을 알려준다. 이동 과정에서 인도-유럽어족의 일부인 히타이트인이 개발한 것으로 보이는 철제 무기 제조술과 전차술이 다른 지역으로 퍼져나갔다.

오늘날을 사는 우리에게 철제 무기는 너무나 익숙하다. 전차조차 그리 대단한 발명품처럼 여겨지지는 않는다. 그러나 인류 초기 문명 발생지에서 처음으로 사용된 금속은 구리와 청동이었다. 물론 그 당시 인류가 철에 대해 전혀 모르고 있었던 것은 아니다. 다만 철광석에 여러 가지 불순물이 섞여 있었고, 그 불순물을 제거하는 기술이 개발되기 전까지는 철광을 본격적으로 사용할 생각을 하지 못했다. 히타이트인이 처음으로 철의 불순물을 없애고 강하게 단련시킬 수 있는 기술을 개발한 것으로 보인다. 이때는 다른 지역에서 돌칼·화살·청동 무기를 사용하고, 보병이

전쟁하던 시기였다.

　바퀴를 만들어 수레를 처음으로 사용한 사람들은 고대 메소포
타미아 문명의 수메르인이다. 그런데 말이 끄는 전차를 만들고,
그 위에서 활을 쏘며 전쟁하는 기술을 처음으로 사용했던 민족
은 히타이트인이라고 한다. 인도-유럽어족이 이동하면서 히타이
트에서 개발한 철제 무기와 전차 기술이 지중해와 서아시아·북
아프리카로 퍼져나갔다. 이러한 기술은 전쟁 방법을 획기적으로

바꾸어놓았다.

또 그 시기 서아시아와 지중해 지역 나라들의 세력 판도를 바꾸는 데 중요한 역할을 했다. 예를 들면, 이집트는 바다와 사막이라는 천연 요새로 둘러싸여 있으므로 전쟁이 거의 일어나지 않았다. 기원전 17세기, 힉소스족이 이집트에 쳐들어와 이 나라를 정복했는데, 이때 힉소스족이 가져온 신무기가 바로 새로운 활과 말이 끄는 전차였다.

잠시 다른 얘기를 해볼까? 걸어 다니면서 전투하는 보병·전차부대·말을 타고 싸우는 기병대 가운데 어떤 부대를 주력 부대로 하면 전쟁에서 유리할까? 어떤 것이 주력 부대인가는 전쟁에서 매우 중요하다. 또 전차 바퀴가 두 개인가, 네 개인가도 큰 기술의 차이를 보여준다. 바퀴가 두 개 달린 전차에는 전차를 운전하는 병사와 활을 쏘는 병사 한 명만 탈 수 있었다. 그러나 바퀴가 네 개이고 여러 말이 끄는 전차의 경우에는 활을 쏠 수 있는 병사가 여러 명 탈 수 있었으니 어느 쪽이 더 유리했을까?

고대 이집트나 그리스 도시 국가에 대한 영화를 보면 전차를 타고 전쟁하는 모습이 나온다. 그러나 말을 탄 사람의 모습은 보이지 않는다. 만약 보인다면 시기가 한참 뒤이거나 '옥에 티', 즉 오류일 가능성이 크다. 그 지역에서 말을 타고 활을 쏘는 기술은 전차를 타고 전쟁하는 기술보다 훨씬 나중에 개발된 기술이기 때문이다. 말을 타고 전쟁하는 기술이 어디서 개발됐는지는 정확히 알 수 없다.

기록을 보면, 히타이트가 멸망한 뒤 제국을 세웠던 아시리아나 이란족이 세운 페르시아 제국일 가능성이 있다. 아니면, 그보다 먼저 스키타이족(기원전 6세기~기원전 3세기경 남부 러시아 초원지대에서 살았던 기마유목 민족)이 그 기술을 개발했을 수도 있다. 그런데 기록에는 없지만 어쩌면 그 제국들보다 먼저 중앙아시아의 다른 유목 민족이 기마술을 개발했을 가능성도 있다. 이러한 전쟁 기술이 곧 아시아 전역으로 확산되었다. 고구려의 무덤에 있는 벽화에서 고구려인이 말을 타고 사냥하는 모습을 본 적 있는가? 기마술은 중앙아시아의 유목민이 여기저기 이동하는 과정에서, 또 전쟁하는 과정에서 동아시아에까지 전파되었다.

기원전 2000년경 이후 반투족은 사하라 사막을 건너 아프리카 전역으로 이동했다. 이러한 이동 과정에서 농경 기술이 다른 지역으로 퍼져나갔다. 그렇다고 아프리카인이 모두 농경을 받아들인 것은 아니었다. 농경이 적합한 기후와 토양이 있는 곳이 아니라면 본래의 채집과 사냥을 고수했다.

미국의 서부 하면 카우보이가 말을 타고 소 떼를 모는 모습이

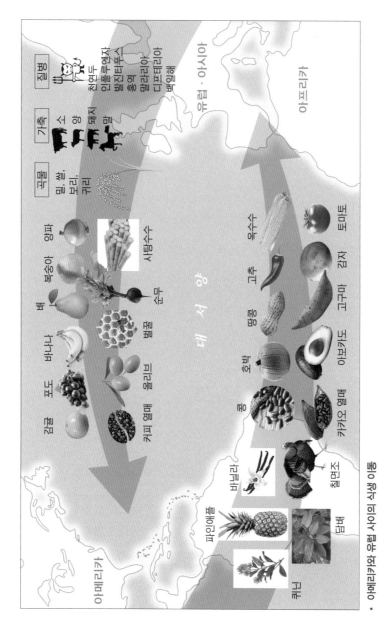

• 아메리카와 유럽 사이의 식생 이동

감귤·포도·바나나 등이 유럽에서 아메리카로, 감자·토마토·고구마 등이 아메리카에서 유럽으로 퍼져나갔다.

떠오른다. 그런데 아메리카에서 소 떼를 몰고 다니며 키우기 시작한 사람들은 아메리카 원주민이 아니라 유럽에서 이주해온 사람들이다. 16세기 이후 유럽인이 아메리카로 이주하면서 소도 데려가서 키우기 시작했다. 유럽인의 주식 가운데 하나가 육류였기 때문이다. 유럽인이 데려간 가축 가운데 돼지와 말·양도 있었다. 아메리카에 살았던 동물에는 들소가 있다. 그러나 들소는 가축으로 키우기에 적당하지 못했다.

감자나 고구마의 원산지는 중남아메리카 대륙이다. 16세기 이후 유럽인들은 남아메리카에서 감자와 고구마를 들여오기 시작했다. 이것이 아시아와 다른 지역으로 퍼져나갔다. 오늘날 감자와 고구마는 시장에 가면 흔히 볼 수 있는 건강식이다.

그러나 유럽인이 아메리카에서 온 채소나 과일을 처음부터 잘 먹은 것은 아니었다. 특히 감자는 '악마의 식물'이라고 여기며 먹으려 하지 않았다. 유럽인이 이전에 본 적이 없는 뿌리 식물인데다 생긴 모양도 이상하다고 여겼기 때문이다.

17세기 프랑스에서는 "감자를 자주 먹으면 한센병에 걸린다"고 하면서 감자를 금지했다. 그런데 18세기의 독일에서는 기근이 심해서 먹을 것이 부족해지자 감자를 재배하여 먹도록 권장했다. 감자는 기후가 별로 좋지 않아도 아무 땅에서나 잘 자라므로 쉽게 재배할 수 있었던 까닭이다. 영국의 산업 혁명기에 감자는 빵과 함께 도시 노동자의 주식이 되었다. '감자가 없었다면 산업 혁명이 가능했을까?'라는 질문이 합리적으로 받아들여질 정도로 감자는 인류 역사에서 중요한 역할을 했다. 이러한 감자 농사가 바로 유럽인이 아메리카를 탐험하고 침략하고 아메리카에 이주하면서 전 세계로 퍼져나가게 된 것이었다.

감자는 조선에 들어오면서 '구황작물'이라는 별칭을 얻었다. 구황작물이란 안 좋은 기상조건에서도 많은 수확을 할 수 있어서 흉년이 들 때 도움이 되는 작물을 뜻한다. 조선인은 흉년이 들거나 가을에 수확한 곡식을 다 먹고 봄에 보리를 수확하기 전 먹을 것이 부족해지면 미리 저장해놓은 감자를 밥 대신 먹기도 했다.

그러나 중국에서 감자는 구황작물이 아니었다. 영국이나 미국에서는 주식이기도 했다. 햄버거와 함께 나오는 프렌치프라이나 스테이크와 함께 나오는 구운 감자처럼 언젠가부터 미국인에게 감자는 식탁에서 빠지지 않는 중요한 음식이 되었다.

유럽에서 아메리카로 건너간 사람들은 아메리카에서 나는 작물로 요리를 만들었다. 1960년대~1980년대 미국이나 러시아·유럽으로 유학을 간 한국 학생들은 그곳에서 한국 배추를 구할 수는 없었기에 배추 대신 양배추로 김치를 만들었다고 한다.

• **노예 노동자**
　브라질 사탕수수 농장에서 아프리카 노예 노동자들은 인간 대접을 받지 못한 채로 일했다.

　원래 기피의 원산지는 아프리카이다. 이슬람 상인이 아프리카에서 커피를 서아시아로 들여와 처음에는 약으로 사용하거나 기도할 때 잠을 쫓기 위해 마셨다. 이 커피가 이슬람 세계에서 유럽으로 들어갔고, 점차 유럽인도 즐겨 마시게 되었다.

　이때 사람들이 커피에 곁들여 먹은 게 있는데, 바로 설탕이다. 설탕의 원료인 사탕수수는 본래 인도와 동남아시아 열대지역에서 재배되었다. 그런데 18세기·19세기 유럽인이 아메리카와 동남아시아로 이주하면서, 중앙아메리카와 동남아시아 열대 지역에서 대규모 농장을 만들고 사탕수수와 커피 농사를 지었다. 그만큼 커피와 설탕이 사람들에게 인기 있는 수출품이었기 때문이다. 그런데 아메리카의 커피와 사탕수수 농장에서는 아프리카에서 끌려온 흑인 노예들이 때로는 인간 대접도 제대로 받지 못하고 일했다. 그래서 19세기 커피와 사탕수수 농장하면 유럽 노예상인과 노예주의 폭력, 흑인 노예 노동자들의 피와 땀을 떠올리게 된다.

캐나다·아르헨티나·오스트레일리아·뉴질랜드·남아프리카에도 많은 유럽인이 이주해 들어갔다. 그들은 자영농으로서 가축을 사육했고, 때때로 광산이나 작은 공장에서 노동자로 일했다. 호주에서 차를 타고 달리면 넓고 넓은 초원지대가 펼쳐진다. 그러한 호주의 일부 자연환경은 영국인을 비롯한 백인이 들어와 목축하면서 만들어졌다.

1937년 연해주에 살던 20만 명에 가까운 조선인(오늘날 이들을 고려인이라고 부름)이 러시아 정부에 의해 중앙아시아로 강제로 이주당했다. 당시 러시아 정부가 내세운 명분은 조선 사람 가운데 일본 스파이가 많다는 것이었다. 조선 사람들은 억울하게 강제로 이주당했지만, 이주해간 곳에서 살아갈 방법을 찾았다. 그들은 황무지를 개간해서 논농사를 짓고 이웃들에게 농사법을 전파함으로써 그 지역을 발전시키는 데 크게 이바지했다. 이렇게 사람들의 이주는 식생을 바꾸고, 자연환경마저 바꾸어놓는다.

어떤 갈등이 있었고, 어떤 문제가 있었을까?

집단 이주는 갈등을 일으키기도 한다. 사실 이주자의 시각에서는 단순히 이주를 한 것이라고 생각할 수 있지만, 원주민은 다른 집단에 의해 침략당하거나 정복당한 것으로 생각할 수 있기 때문이다. 고대 인도 문명이 탄생한 하라파로 아리아인이 들어갔을 때, 하라파의 문명은 이미 무너져가고 있었다고 한다. 그러므로 초기에 아리아인의 이주 과정에서는 하라파 원주민들과 큰 갈등이 없었을 것이다.

그러나 점점 아리아인이 늘어나고, 이들이 인도 남부 쪽으로 내려가면서 아리아 이주민과 인도의 원주민 사이에 갈등이 빚어졌다. 아리아인이 인도로 이주해 들어가면서 원주민과 구분하기 위해 카스트 제도(직업에 따라 사람들을 집단으로 구분한 제도)를 만들었다는 주장도 있다. 아리아인이 자신들과 인도 원주민의 역할과 직업을 구분했고, 이것이 계급이 됐다는 것이다. 인도의 '카스트 제도'라 하면 최상류층인 브라만과 그 바로 아래 귀족층인 크샤트리아, 그리고 평민인 바이샤와 천민인 수드라의 엄격한 4계급

구분을 떠올린다.

하지만 인도사 학자들은 카스트가 위에서 구분한 네 개 집단보다 훨씬 많을 뿐 아니라 계급보다는 직업군으로 보아야 한다고 주장한다. 서로 다른 카스트 사이의 위계 관계도 분명하지 않다고 한다. 또한 영국이 인도를 식민지로 삼으면서 영국인에 의해 카스트 제도가 세계에 잘못 알려졌다고 주장한다. 오늘날 카스트 제도는 법적으로 폐지되었다.

카스트 제도는 수천 년 전에 만들어졌다. 그 뒤로도 인도에서는 여러 이민족이 들어와 왕조를 세우고 망하는 역사가 반복되었다. 또 불교·힌두교·이슬람교를 비롯하여 여러 종교가 인도에 퍼지고 자리 잡았다. 이러한 가운데 하나의 제도가 전혀 변하지 않고 짧게는 수백 년에서 길게는 몇천 년 동안 지속될 수 있을까? 인도만이 아니라 다른 지역도 마찬가지이다. 그러나 이주 과정에서 여러 민족이 섞여 살게 되므로 그 과정에서 여러 민족 간의 관계를 설정하는 다양한 제도가 만들어졌을 가능성은 있다.

16세기 이후 유럽인이 아메리카에 이주해 들어갔다. 영국의 청교도인은 박해를 피해 아메리카로 이주했다. 그런데 이 과정은 원주민의 시각에서 보면 단순한 유럽인의 이주가 아니라 명

백한 침략이었다.

몇십 년 전까지만 해도 미국 역사학자들은 잭슨(Andrew Jeckson) 대통령 시기(1829~1837)에 민주주의가 획기적으로 발달했다고 평가했다. 그러므로 미국인은 자기 나라의 20달러 지폐에 잭슨 대통령의 얼굴을 그려 넣었다. 그러나 그 시기 아메리카 원주민 정책에 대한 연구가 심화하면서, 잭슨 대통령의 원주민 정책이 얼마나 폭력적이고 비민주적이었는지 낱낱이 밝혀졌다. 이 시기에 원주민들은 보호구역으로 강제로 이주당했다. 그렇다면 잭슨 시기의 민주주의를 진정한 의미의 민주주의라고 평가할 수 있을까?

다행인 점은 인류가 스스로 저지른 과거의 잘못을 반성할 수 있다는 것이다. 반성을 통해 과거의 잘못을 바로잡으려는 노력으로, 미국에서는 2020년부터 20달러 지폐에 잭슨이 아닌 터브먼(Harriet Tubman)이라는 흑인 여성 인권운동가의 초상이 새겨지게 되었다.

원주민보다 이주민의 숫자가 많을 경우, 이주민이 원주민을 억압하거나 약탈하는 일이 자주 일어난다. 반대로 이주민이 소수일 때 원주민에 의한 이주민 차별이 일어나기도 한다. 오늘날 인류는 단지 다르다는 이유만으로, 또는 소수라는 이유로 차별하고 차별당하는 것은 잘못된 일이라고 인식한다. 그런데 오늘날은 혹시 소수라는 이유로, 다르다는 이유로 차별하는 경우가 없을까?

이주가 있었던 곳들을 찾아다니면서 이주민과 원주민의 관계를 살펴보자. 그리고 그들에게 어떤 갈등이 있었는지, 어떻게 문제를 해결했는지 살펴보면서 이주로 인해 나타날 수 있는 갈등을 해결할 수 있는 지혜를 키워보자.

서로 다른 문화를 가진 사람들은 어떻게 섞여서 살 수 있을까?

이주와 교역의 과정에서 여러 민족과 인종에 속한 사람들의 유전자도 서로 섞이게 된다. 즉, 결혼으로 여러 인종이나 민족이 서로 뒤섞여 새로운 인종이 탄생하는 것이다.

16세기 이후 유럽인과 흑인 노예가 중앙아메리카와 남아메리카에 들어와 함께 살게 되었다. 남아메리카 원주민과 유럽인 사이에 태어난 사람들을 '메스티소(mestizo)'라 하고, 백인과 흑인 사이에 태어난 사람들을 '물라토(mulato)'라고 한다.

그들은 자신들의 역사를 어떻게 이야기할까? 현재 남아메리카의 역사 시간에는 서유럽인을 침략자라고 가르칠까, 아니면 조상이라고 가르칠까? 원주민과 아프리카에서 온 흑인에 대해

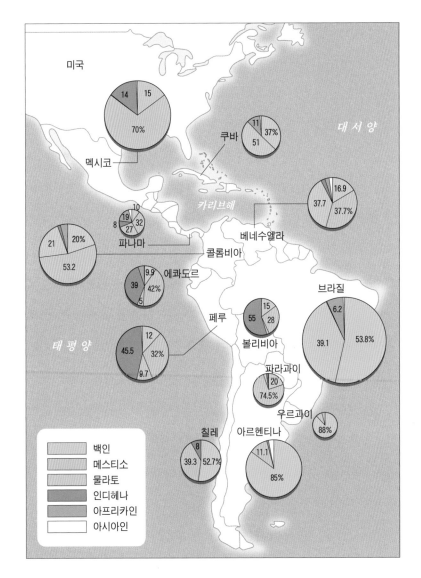

- **중남아메리카의 인종 구성**

  이주와 교역의 과정에서 중남아메리카에는 여러 새로운 인종이 탄생했다.

서는 어떻게 이야기할까? 서유럽인을 침략자라 하기도, 조상이라고 부르기도 쉽지 않다. 그들은 유럽·아메리카·원주민 모두의 유산을 물려받은 사람들이기 때문이다. 이들이 어떻게 역사를 가르치는지 찾아보는 것도 재미있지 않을까!

1800~1914년 사이 많은 유럽인이 '성공 기회를 찾기 위해' 자신의 나라를 떠나 해외로 이주했다. 이들 중 대다수는 북아메리카의 미국으로 이주해갔다. 초기 이민자들은 농작물을 경작하기 위해 저렴한 토지를 찾아 서부에 정착했다. 후기 이민자들은 대부분 북동부에 정착해 1860년대 이후 미국의 산업화에 노동력을 제공했다. 이들을 서유럽인이라 통틀어 부르지만 아일랜드·에스파냐·프랑스·독일·이탈리아 등 그들의 문화적 뿌리는 다양하다. 이주민에 대한 영화도 많이 제작됐다. 이탈리아 출신 마피아에 대한 영화, 서부 지역에 철도를 놓던 시기 중국인에 대한 영화, 아일랜드에서 온 이주민에 대한 영화 등을 보면서 미국 이주민의 역사를 살펴보는 것도 사람들이 어떻게 이주하게 되었는지를 이해하는 데 도움이 될 것이다.

1820~1914년 사이에 아시아·아프리카·태평양의 여러 섬에 살던 약 250만 명의 사람들이 아메리카에 이주했다. 이들은 처음에 농장의 계약직 노동자로 일했다. 1908년 우리나라에서 하와

- **미국 철도 공사에 동원된 중국인 노동자**
센트럴퍼시픽레일로드가 맡은 대륙횡단철도 서부구간에서 일하고 있는 중국인 노동자이다.

이로 이민을 간 사람들도 사탕수수 농장의 노동자로 일했다. 서유럽에서 왔든 아시아나 아프리카에서 왔든 그들은 모두 미국인이다. 이들의 조상이 누구든 미국인으로서 교육받고 자라며, 미국인으로서 행동하고 판단한다. 이들에게는 미국인이라는 의식이 있다. 그러면서도 이들은 자신을 완벽한 미국인으로 의식하지는 못한다. 그래서 한국계 미국인·아일랜드계 미국인·유대계 미국인으로 구분하면서 사고하고 행동한다.

미국인들은 미국을 '샐러드 그릇(Salad Bowl)'이라고 표현한다.

샐러드를 보면 여러 야채가 각각의 모양·색·맛을 유지하면서 조화를 이룬다. 각각의 맛도 느낄 수 있지만, 함께 먹으면 새로운 맛이 나기도 한다. 미국은 여러 문화가 섞여 존재하면서 동시에 여러 문화를 혼합하여 새로운 문화를 만든 나라이다.

최근, 이주 시대의 미국 못지않게 전 세계 많은 나라가 적극적으로 이주민을 받아들이고 있다. 한국도 예외는 아니어서, 많은 이주민이 들어오면서 외국인 타운들이 형성되고 있다.

여러 민족이 한 나라에서 어떻게 서로 조화롭게 살아갈 것인가? 타임머신을 타고 이주민들을 따라가며 여행해보자. 그 과정에 어떤 혼합이 일어났으며, 어떤 갈등이 생겼는가? 또 혼합을 통해 어떤 창의적인 발명이 이루어지는가? 이러한 질문을 하면서 이주한 사람들, 이주민을 받아들인 사람들의 이야기에 귀 기울여보자.

02

교역로를 따라가볼까?

몇십 년 전까지만 하더라도 사람들은 1492년 콜럼버스가 아메리카에 도착하면서 지구 위의 모든 민족·지역·공동체가 고립에서 벗어나 서로 접촉하고 교류하게 되었다고 생각했다.

또 19세기에 증기기관차가 개발되면서, 20세기에 제트 엔진의 발명으로 사람들은 전 세계 어느 곳이든 하루나 이틀 안에 갈 수 있게 되었다. 전화와 전자 메일(e-mail)은 전 세계 어디서든 즉각적인 의사소통을 가능하게 한다. 그렇다고 증기기관차나 전화·전자 메일이 발명되기 전에 멀리 떨어져 있는 사람들 사이에 왕래와 소통이 전혀 없었던 것은 아니다.

- **페르시아 풍차**
  이란의 나슈티판(Nashtifan)에 남아 있는 세계에서 가장 오래된 것으로 알려진 풍차.

　남아 있는 유적이나 유물을 보면 아주 먼 옛날에도 세계 여러 곳에서 비슷한 물건이나 기술을 사용했다는 것을 알 수 있다. 예를 들어, 오늘날 풍차의 나라 하면 네덜란드나 독일 같은 유럽 국가를 떠올린다. 그런데 풍차는 7세기경 페르시아에서 최초로 만들어졌다고 알려져 있다. 이러한 풍차가 어떻게 11세기 무렵 유럽에서, 13세기경 중국에서 만들어져 사용되었을까? 서아시아·유럽·중국 지역에서 제각각 발명했을 가능성도 있다.

　그런데 과연 그랬을까? 유럽인이나 중국인이 서아시아에 가서 직접 풍차를 보고 자기 나라로 돌아가서 만들었을 가능성도 있다. 혹시 여러 지역을 오갔던 상인들에게 귀동냥해서 듣거나 상인들이 가져온 책을 읽고 만들었을 가능성은 없을까?

조선 정조 때 수원에 화성을 만들었다. 이때 정약용이 거중기를 만들어 사용했다. 중국에서 온 『기기도설(奇器圖說)』이라는 책에서 도르래의 원리를 읽고 조선식 거중기를 만든 것이다. 거중기·풍차만이 아니라 비단·인쇄술·화약 무기 제조 등은 모두 한곳에서 기술 혁신이 이루어졌지만, 그 기술이 시차를 두고 여러 지역으로 퍼져나간 사례들을 보여준다.

이렇게 발명품의 확산에는 여러 집단 사이의 '접촉'에 의한 '정보'의 교환이 중요한 역할을 했다. 정보 교환은 때로는 말로, 때로는 글로, 때로는 그림으로 이루어진다. 여러 지역에 시차를 두고 나타난 비슷한 기술·예술 활동·저술 활동·종교·생활방식 등을 찾아보자. 그리고 이것들이 이동한 길을 따라 여행해보자.

교역로 주변에 어떤 나라·왕국·제국이 있었나? 교역로에서 활동한 사람과 민족은 누구인가? 무엇이 상품으로 교환되었나? 어떤 문화가 어떻게 오갔나? 그 상품·지식·생활문화가 다른 지역으로 들어가면서 어떤 변화를 자극했나?

교역로를 따라가다보면, 특정한 시기에 교역이 매우 활발하게 일어난 반면, 또 다른 특정한 시기에는 교역이 제대로 이루어지지 않은 것을 알게 될 것이다. 교역로에서 도적 떼가 상인들의 왕래를 어렵게 했던 때가 있다. 반대로 교역이 활발하게 일어났던 시기의 공통점을 찾아보자. 아마 교역로를 큰 제국들이 장악하고 있을 것이다.

문명 발생지 사이의 길을 따라서

지금까지 진행된 고고학적 발굴 결과로 보면 이미 선사 시대·신석기 시대·초기 도시문명 시대부터 아프로-유라시아 대륙의 곳곳에서, 또 남·북아메리카 대륙에서 사람들 사이에 교역이 활발하게 이루어졌다는 것을 알 수 있다.

서아시아의 카탈 후역(Catal Huyuk)에서 지금부터 1만 년 전에 신석기를 사용했던 사람들이 모여 살았던 유적지가 발견되었다. 학자들은 고고학적 발굴을 통해 이 지역 사람들이 자신의 농산물과 다른 먼 지역의 광물을 교환하면서 생활했다는 것을 알아냈다. 그 지역에는 없는 광물을 다른 지역에서 가져와 사용했다는 증거를 찾은 것이다. 학자들은 광물 교역이 농기구나 장신구 제작 기술의 발달, 또 그것들을 이용한 다양한 생활 문화를 발달시키는 데 중요한 역할을 했다고 주장한다.

또 다른 예를 볼까? 1854년 영국의 부영사였던 테일러(John

• **카탈 후역 복원도**
서아시아의 카탈 후역(Catal Huyuk)에서 지금부터 1만 년 전에 신석기를 사용한 사람들이 모여 살았던 유적지가 발견되었다.

George Tayler)가 현재 이리크 남부 유프라테스강 하류에 텔 엘 무카이야르(Tall al-Muqayyar)라는 지역에서 과거의 유물들을 발견했다. 그리고 1920년대 미국의 펜실베이니아대학과 영국박물관(British Museum)이 합동으로 이 지역의 유물을 본격적으로 발굴하기 시작했다. 그 결과, 이 유적에서 아주 먼 옛날부터 오늘날에 이르기까지 그 지역에서 일어났던 여러 왕조 시기의 유물이나 유적이 발견되었다. 이 가운데 쐐기문자로 쓴 점토판 문서나왕의 무덤·거대한 건물터도 나왔다. 오늘날 사용하지 않는 문자이므로 해독하는 데 오랜 시간이 걸렸다. 그러나 학자들은 쐐기문자를 해독하고 돌·금속 등 고고학적 증거를 통해 이 지역에서 기원전 4000년경에 사람들이 타원형의 성벽으로 둘러싼 도시를 만들고 살았다는 것을 알아냈다. 그것이 바로 인류 역사상 최초의 문명인 고대 메소포타미아 문명이다.

이때 발굴된 메소포타미아 문명의 중심 도시 중 하나가 우르(Ur)이다. 더욱 놀라운 사실은 우르에 살았던 수메르인이 주변 지역은 물론 오늘날 이집트나 인도 북부 지역 등의 먼 지역과도 교역했다는 사실이다. 학자들은 메소포타미아 지역과 인도 사이의 상업 교류의 역사가 지금부터 약 5,000년 전부터 시작되었으며, 메소포타미아와 중국 지역 간의 교역도 약 4,000년 전부터 시작되었다고 주장한다.

구글 지도에 현재 메소포타미아에서 파키스탄의 하라파(인도 문명 지역)까지 거리를 걸어서 가기로 길 찾기 하면 707시간(24시간을 쉬지 않고 30일간 걸으면 도달한다)이 걸린다고 나온다. 5,000년 전 현재의 자연환경 등 여러 조건이 다르다는 점을 고려한다면 그 시기에는 더 오래, 또는 더 짧게 걸렸을 수도 있다. 그 무렵, 그 지역들은 오늘날만큼 건조한 기후는 아니었다. 이렇게 먼 거리를 오가면서 교역한 것을 보면, 메소포타미아 문명이 발달하는 데 농업도 중요했지만 교역, 특히 원거리 교역이 중요한 역할을 한 것으로 보인다.

면 지역 간의 교역은 초기에는 오늘날처럼 규칙적으로 이루어지지 않았다. 오늘날 우리가 세계 각지에서 수입하는 물건에는 채소·과일·곡식 등 생필품이 많다. 그런데 인류가 초기에 교역했던 물건들은 생필품이라기보다는 보석류 같은 상류층을 위한 사치품들이었다. 생각해보자. 지금처럼 배나 기차·비행기로 많은 양의 물건을 빨리 운반할 수 없었던 상황에서, 사람들이 먼 지역에서 가져와 이익을 크게 남기면서 팔 수 있었던 물품이 무엇이었을까? 그 물건은 누가 살 수 있었을까? 바로 상류층의 용품이거나 아니면 종족·부족·국가 등의 유지에 필수품인 광물, 사람이 생존하는 데 없어서는 안 될 소금, 또는 신비한 능력을 가진 주술적인 물건일 것이다.

오늘날 세계 여러 곳에서 알파벳을 사용한다. 영어의 알파벳만이 아니다. 아라비아어나 동남아시아의 여러 문자에도 알파벳의 원리가 담겨 있다. 누가 그 문자를 만들었는지 정확히 알 수는 없다. 그러나 기원전 1200년경 오늘날의 지중해 동부인 레바논과 시리아 지역에 살았던 페니키아인이 알파벳의 기원이 되는 문자를 다른 지역으로 확산했다는 사실은 이미 잘 알려져 있다.

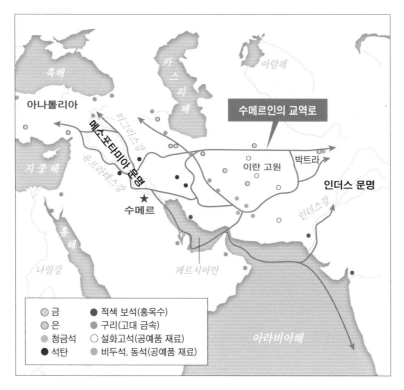

· 메소포타미아와 인더스 문명 사이 광물 교역
약 5,000년 전 메소포타미아와 인더스 문명 사이의 교역로와 교역품을 학자들이 연구를 통해 복원한 것이다.

페니키아인은 지중해에서 배를 타고 남유럽·서아시아·북아프리카 등의 여러 지역을 다니면서 상품을 팔았다. 서로 다른 언어를 사용하는 사람들과 물건을 사고파는 과정에서 페니키아 문자로 기록했다. 지중해 교역의 과정에서 페니키아의 알파벳 원리가 지중해, 이후 유럽과 아프리카·서아시아, 그리고 동남아시아 지역에까지 전해졌다. 페니키아 문자는 훗날 그리스와 로마 문자가 만들어지는 데 크게 기여했다.

학자들은 여러 기록과 유적·유물을 통해 기원전 1000년경 이후 아시아의 동쪽 끝과 유럽 사이의 여러 왕국과 부족을 연결했던 다양한 교통로가 있었다는 것을 알게 되었다. 기원전 1000년경 이후 주로 유목 민족이 이용했던 '초원길', 기원전 2세기경 한나라의 장건을 통해 중국에 알려지게 된 '실크로드(비단길)', 그리고 1세기 이후 인도, 동남아시아, 이슬람 상인, 중국의 상인들이 주로 왕래한 '인도양길(바닷길)'이다. 16세기 이후에는 유럽인이 많이 왕래한 대서양길과 태평양길도 생겼다.

스키타이족이 말을 달리던 초원길을 따라서

초원길은 몽골이나 남부 시베리아의 스텝 지대·알타이산맥과 중가리아초원을 거쳐 카스피해 및 흑해 북단을 잇는 교통로이다. 이 길을 통해 고대 유목 민족들이 이동하고 활동했다. 중앙아시아 초원지대는 여러 유목 민족이 오가면서 활발히 교류했다.

기원전 6세기·기원전 7세기경 기마 민족인 스키타이가 초원길을 따라 왕래했던 흔적이 곳곳에서 발견된다. 학자들은 스키

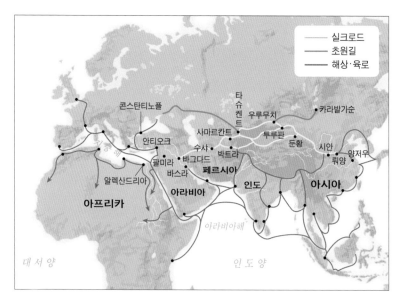

- **기원전 2000년에서 기원후 1000년 사이 교역로**
  흉노족·사마르칸트인 등을 비롯한 여러 유목 민족이 실크로드와 초원길 등을 이용하여 유럽과 아시아 를 연결하면서 여러 기술이나 문화를 교류하는 데 중요한 역할을 했다.

타이가 페르시아계(이란계) 유럽인종이라고 주장한다.

스키타이에 대한 기록 중 가장 오래된 것은 기원전 7세기경 아시리아인이 남긴 기록이다. 아시리아인은 스키타이를 '아슈쿠자이'라고 했다. 그리스인은 이들을 '스키타이'라고 불렀다. 그리스 역사가 헤로도토스(Herodotos, 기원전 5세기경 살았던 것으로 추정)와 지리학자 스트라본(Strabon, 기원전 1세기경 살았던 것으로 추정)이 스키타이에 대한 기록을 남겼다. 헤로도토스의 기록에 따르면, 스키타이는 네 개의 집단이 있었던 것으로 보인다. 그 가운데 한 집단은 흑해와 카스피해 지역에서 유목과 농경을 하며 정착했다. 그러면서 주변의 페르시아와 전쟁을 벌였고, 그리스 등 다른 지역과 무역을 했다.

스키타이족의 동물이나 나무 문양은 유명하다. 이 문양이 새겨진 무기들은 유라시아 곳곳에서 발견된다. 스키타이 계통의 문양과 비슷한 문양이 신라 왕족의 무덤인 금관총에서 발굴된 금관의 장식에서도 보인다. 학자들은 신라의 김씨 왕조 이후에

• **신라 금관**
경주에 있는 신라 왕족의 무덤인 금관총에서 금관이 발견됐다. 금관에 있는 여러 문양을 스키타이계 문양이라고 해석하는 학자도 있다.

황금으로 된 장식품들이 많이 만들어졌고, 그 황금 장식이 스키타이 계통의 문화와 유사성을 보인다고 하면서, 신라의 김씨 세력이 북방에서 이주해왔을 가능성이 있다고 주장한다. 그러나 그렇지 않다고 주장하는 학자들도 있으니, 더 많은 증거들을 찾아서 어느 주장이 타당한지 알아봐야 한다.

스키타이 문양은 어떻게 전 세계로 퍼져나갔을까? 스키타이 외에 또 어떤 민족이 초원길을 오갔을까? 초원길을 통해 오간 물건에는 또 어떤 것이 있을까?

실크로드를 따라서

실크로드는 중국의 한 왕조, 인도 북부의 쿠샨 왕조, 서아시아의 파르티안 왕조 때 중국에서 중앙아시아, 페르시아를 거쳐 지중해까지 연결했던 길이다. 실크로드 주변에는 어떤 나라들이 있었을까? 실크로드를 통해 무엇이 교환되었을까?

이 길의 주인공 가운데 하나가 흉노이다. 기원전 3세기~기원후 5세기 사이 흉노족은 상당히 거대한 영역에서 여러 민족을 통치한 제국이었을 것이라고 한다. 중국에는 흉노에 대한 기록이 많은데, 그중에는 기원전 5세기경의 기록도 있다.

애니메이션 영화 〈뮬란〉에 나오는 흉노족은 악의 화신으로 묘

사되어 있다. 흉노족은 어떤 민족일까? 〈뮬란〉에서처럼 악의 화신일까? 여러분은 영화 내용을 그대로 믿지는 않을 것이다. 중국의 진·한 등의 나라도 흉노를 두려워했다. 흉노는 하나의 민족이 아니라 여러 유목민의 집합체이다. 흉노가 어떤 민족인가에 대해서는 튀르크계라는 설, 몽골계라는 설, 아리아계라는 설 등여러 설이 있다. 이 가운데 튀르크계라는 설이 가장 유력하다. 튀르크계 민족이 세운, 지금까지 남아 있는 대표적인 나라로 터키가 있다. 터키인은 흉노를 자신의 조상으로 가르친다. 흉노족을 비롯한 여러 유목 민족이 실크로드를 이용하여 유럽과 아시아를 연결하면서 여러 기술이나 문화를 교류하는 데 중요한 역할을 했다.

중국 지역에 한 왕조가 있었던 시기에, 오늘날 우즈베키스탄과 타지키스탄 지역에 월지국(대완 또는 페르가나)이라는 나라가 있었다. 월지는 중앙아시아 교통의 요지로서 유럽과 아시아를 연결했다. 어느 날 한나라 황제는 투항한 흉노인에게 중요한 정보를 입수했다. 월지국이 흉노에게 패해 서쪽으로 쫓겨났으며, 흉노족이 월지 왕을 살해하고 그의 두개골을 술잔으로 삼았다는 것이다. 한나라의 황제는 월지가 흉노에 대해 깊은 원한과 복수심을 품게 되었으리라 생각하고 사람을 보내 월지와 연합하

• **흉노와 한**
흉노 제국은 유목 제국이기 때문에 농산품을 구하기 위해 한 제국에 자주 쳐들어왔다.

여 흉노를 무너뜨리겠다고 생각했다. 장건이 이 임무를 하겠다고 자원했다. 장건은 월지와 동맹을 맺고 흉노를 협공하는 약속을 성립시키는 임무를 지니고 흉노인을 길잡이 삼아 100여 명을 이끌고 장안을 출발했다. 그런데 가다가 흉노에게 잡혀 10여 년을 흉노족과 살면서 흉노 여인과 결혼하여 자식까지 생겼다. 그러면서도 장건은 탈출할 기회를 노리다 탈출했다. 장건은 탈출해서 한나라로 돌아가지 않고 월지국에 가서 동맹을 제의했다. 그런데 월지국 왕이 거절해서 한나라로 돌아가려고 여행길에 올랐는데 흉노에게 다시 잡히고 말았다. 그러나 아내와 자식을 데리고 다시 탈출하여 13년 만에 한나라에 돌아왔다. 그리고 자기가 여행하면서 보고 들은 이야기를 한 황제에게 이야기했다. 장건은 현재 중앙아시아에서 인도 지역에서 들어온 산물이 거래되고 또 중국의 비단이 인도 지역으로 팔려나간다는 것을 황제에게 알렸다. 장건의 여행으로 한나라는 다른 지역에 대해 알게 되고, 이후 실크로드를 통해 한의 수도에까지 다른 지역 산물을 가져올 수 있게 되었다.

기원후 97년 한 왕조 때 반초(班超)라는 외교관이 있었다. 한이 흉노의 위협을 받고 있었던 시기 서쪽 지역(현재 중앙아시아)을 지키던 장수이기도 했다. 이 사람은 감영(甘英)이 이끄는 사절단을 당시 지중해 지역을 차지하고 있던 로마에 보내려고 했다. 그러나 감영은 로마까지는 가지 못하고, 당시의 파르티아를 거쳐 페르시아만까지 이르는 데 그쳤다. 감영은 페르시아만에서 로마 제국까지 가려면 2년에 걸친 매우 위험한 여행을 해야 한다는 말을 듣고 중국으로 돌아왔다. 돌아와 그가 오가며 보고 들은 다른 지역에 대한 정보와 이야기를 남겼다. 그중에는 신빙성이 없는 정보도 있었지만, 어쨌든 그 정보를 바탕으로 한은 중앙아시아는 물론 그 너머에 사는 사람들에 대해 더 잘 알게 되었다.

로마 제국 시기(기원전 27~기원후 476)에 상류층이 비단(silk)을 입었다는 기록이 있다. 이러한 기록을 보면, 동쪽의 한에서 지중해의 로마에 이르기까지 여러 민족이 교역로를 통해 왕래했다는 것을 알 수 있다.

여러 기록들은 기원전 2세기경, 또는 그보다 더 오래전부터 오늘날의 중국 지역과 인도 지역, 그리고 페르시아만을 거쳐 로마 지역 사이에 활발히 교류가 이루어졌다는 사실을 알려준다. 이렇게 왕래하는 과정에 사람들끼리 결혼도 하고, 기술도 교환하고, 종교도 전파했다. 또 여러 가축이나 곡류·채소류도 전파했다.

비단을 만드는 기술이 중국 지역 밖으로 나가기 전까지는 중국의 비단이 아시아와 지중해 여러 지역에 수출되었다. 그런데 비단 만드는 기술이 현재 인도 북부 지역으로 알려지게 되면서, 중국만이 아니라 인도와 서아시아에서 만들어진 비단이 지중해에서 유명해지기 시작했다. 어떻게 비단 만드는 기술이 중국 밖으로 나갔을까?

한 전설에 따르면, 7세기 후반 중국의 한 공주가 현재 인도의 북부 지역으로 결혼하기 위해 갈 때, 남편에게 줄 선물로 누에를

• **비단 제조술이 인도로 전파되는 과정이 그려진 목판**
7세기경 중국의 비단 공주가 인도로 결혼하러 가는 길에 누에를 숨겨 갔다는 전설이 그려져 있다. 영국
박물관에 소장되어 있다.

몰래 머리 위에 숨겨 가져가면서 비단 직조술이 다른 지역에도
전파되었다고 한다. 그녀는 신분이 공주이므로 국경의 수비대가
철저히 수색하지 못했고, 결국 이 공주를 통해 비단 직조술이 다
른 지역에 퍼졌다는 것이다. 이러한 전설은 현재 영국박물관에
보관된 목판 그림을 통해 알 수 있다.

우리 식탁에 자주 오르는 오이의 원산지는 히말라야산맥의 남
쪽, 즉 인도 북부 지역이라는 설이 유력하다. 이곳 사람들은 약
3,000년 전부터 오이를 재배했다고 한다. 가지의 원산지 역시 인
도로 추정된다. 그렇다면 오이와 가지는 우리나라에 언제, 어떻
게 들어왔을까? 인도·중앙아시아·중국을 연결하는 실크로드를
통해 오이와 가지가 삼국 시대나 그 이전에 한반도에 들어온 것
으로 알려져 있다. 삼국 시대, 통일신라 시대, 중국을 넘어 서아
시아 사람들과 교류했다는 것은 앞에서 설명했으니 이미 알고

있을 것이다.

인도에서 탄생한 불교가 실크로드를 통해 인도 북부·중앙아시아 티베트·중국, 그리고 한국과 일본에까지 전해졌다. 이 불교는 어떻게 이동하고 전파되었을까? 바로 상인과 외교 사절이 오가던 실크로드를 통해서이다.

교통수단이 발달하지 않았던 시기, 실크로드를 오가는 상인은 때로는 걸어서, 때로는 낙타나 말을 이용해서 여행했다. 중국의 시안 박물관에 가면 낙타를 타고 오갔던 여행자들의 모습을 담은 당삼채를 볼 수 있다. 당삼채는 당나라 때 녹·갈·황·백색이나 코발트색으로 칠한 도자기이다.

여행하는 데는 짧게는 몇 달, 길게는 몇 년이 걸렸다. 상인과 여행자는 수십 명, 수백 명이 몰려다녔다. 그들은 여행하는 중에도 종교 생활을 소홀히 하지 않았다.

사람들은 장기간이 소요되는데다 어떤 때는 목숨을 걸어야 할 정도로 위험한 여행에 나섰다. 말도 통하지 않고, 음식도 입에 맞지 않으며, 예상치 못한 기후와 도적 떼를 만나기도 하는 험난한 여정이었다. 여행자들은 사고 없이 무사히 여행을 마치기 위해, 또는 죽어서 다음 생에 벌레나 짐승이 아닌 인간으로 다시 태어나기 위해, 또는 천당에 가기 위해 신에게 의지하고 싶었을 것이다.

• **당삼채 속 낙타를 탄 서역인**
　당삼채를 보면 당나라 때 여러 민족과 인종이 당나라에 오가며 교류했다는 사실을 알 수 있다.

　　종교에서는 예식을 통해 신과 소통한다. 그러므로 사람들은 여행을 하는 도중 다른 나라에 가서도 종교 예식을 소홀히 하지 않았다. 이들은 자신이 믿는 신과 소통하기 위해 가능한 한 철저하게 종교 계율에 따라 행동하고 생활했다. 먼 옛날에는 한번 타지로 여행을 가면, 그 지역에서 몇 달이고 몇 년이고 머물러야만 고향으로 돌아갈 수 있었다. 타지에서 신과 소통하기 위해 불교 신자들은 자주, 오랫동안 머무는 곳에 불교 사찰을, 이슬람교 신자들은 모스크를, 가톨릭 신자들은 성당을 지었다. 이들은 경

• **회성사**

중국 최초의 이슬람 사원으로, 광저우 지역에 있다. 사원 내에는 약 37미터 높이의 광 탑(등대 역할을 겸함)
이라고 불리는 회색의 탑이 있다.

전을 가져갔으며 성직자와 동행했다. 또한 선교사를 파견하기도

했다.

불교·힌두교·이슬람교·기독교 등이 세계적으로 확대된 데는

여러 지역을 돌아다니며 교역을 했던 상인, 또 다른 민족과 전쟁

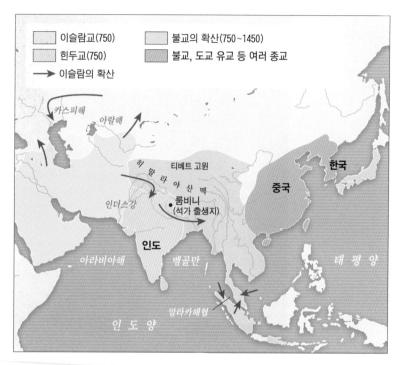

- **750~1450년 아시아의 종교**
  여러 지역을 돌아다녔던 상인·탐험가·순례자에 의해 불교·힌두교·이슬람교·기독교 등이 아시아 전체로 확대되었다.

을 위해 전쟁터로 갔던 군인, 여행과 모험을 즐겼던 탐험가, 그리고 성지를 순례했던 순례자의 역할이 컸다.

　많은 한국인이 가장 가보고 싶어 하는 동남아시아 여행지 가운데 하나가 바로 캄보디아의 앙코르와트이다. 앙코르와트는 어떻게 만들어졌을까? 앙코르와트 사원은 교역의 과정에 여러 문화가 혼합되었다는 것을 보여주는 대표적인 유적이다.

앙코르와트는 수르야와르만 2세가 힌두교 사원으로 축조했다. 그러나 나중에 불교 사원으로 사용되었다. 앙코르와트 사원은 브라만교·불교 등 여러 신앙이 합쳐진 형태를 띤다. 사람들은 앙코르와트 사원을 전 세계에서 가장 크고 아름다운 종교 건축물로 칭송한다. 이 건축물은 12세기, 크메르 제국 시기에 30여 년에 걸쳐서 세워졌다고 한다. 오늘날 세계 여러 나라 건축가들은 그들의 뛰어난 건축 기술에 놀라워한다. 이렇게 크고 섬세한 종교 건축물을 세운 것을 보면 크메르 왕국이 정치적으로나 경제적으로 매우 강력한 나라였던 것으로 추정된다.

크메르 왕국은 크메르인이 세운 왕조이다. 이는 인도인이 이곳에 들어와서 세운 왕조가 아니라는 의미이다. 그렇다면 크메르 왕국은 왜 힌두 사원을 세웠을까? 인도에서 힌두교가 들어왔고 이 지역 사람들이 힌두교를 받아들여 자신들의 종교로 삼은 건 아닐까?

기록에 따르면, 기원전 3세기 인도에 마우리아 왕조의 아소카 왕 때 불교 포교단을 스리랑카(실론)·미얀마·시리아·이집트·그리스·북아프리카 등에 파견했다고 한다. 스리랑카는 동남아시아와 지속적으로 교류했다. 베트남이나 라오스 등의 반도는 실크

● **앙코르와트**

캄보디아의 앙코르에 위치한 사원으로, 12세기 초에 수르야와르만 2세에 의해 창건되었다. 처음에는 힌두교 사원으로 축조되었으나 나중에는 불교 사원으로 사용되었다.

로드를 통해, 동남아시아의 인도네시아 지역 섬들은 바다를 통해 불교가 전파됐다. 그 후에도 힌두교·이슬람교·기독교 등 여러 종교가 들어왔다.

한국에는 삼국 시대에 불교가 들어왔다. 처음에는 왕실과 귀족들이 불교를 받아들였다. 사람들이 전반적으로 불교를 믿게 된 것은 통일신라 때이다. 고려에서 불교 승려들은 종교 생활만이 아니라 정치나 경제 문제에까지 관여했다. 그런데 조선 시대에 이르러 불교의 세력이 눈에 띄게 줄어든다. 어떻게 된 일일까?

조선을 세운 사람은 성리학을 공부한 유학자들이었다. 이들은 정치는 성리학을 공부한 군자가 해야 한다고 생각했다. 조선을 세우며 고려 말 폐단이 심했던 불교 사찰을 대폭 없앴다. 불교는 오직 종교 문제에만 관여하도록 했다. 사람이 태어나서 죽을 때까지의 예식을 고려에서는 불교식으로 진행했다면, 조선에서는 유교식을 강조했다.

박물관에 가면 고려의 문화와 조선의 문화를 비교해보자. 고려의 문화가 불교와 함께 도교·토속 신앙 등 다양한 요소의 영향을 받아 형성되었다면, 조선의 문화에서는 유교적 요소를 많이 보게 될 것이다. 그러나 조선에서도 불교·도교·무속 신앙 등이 사람들의 일상생활에 많은 영향을 미쳤다.

불교가 흘러간 길을 따라가보자. 불교는 인도 북부를 통해 티베트, 실크로드를 따라 중앙아시아·동아시아의 한국과 일본에 전파되었다. 또한 동남아시아의 미얀마·베트남까지 이르렀다.

그런데 지역마다 불교 사찰이 다른 모습으로 만들어졌다. 왜 그럴까? 각 지역에 불교가 들어가면서 정치적·문화적으로, 또는 사람들의 일상생활에 어떤 변화를 가져왔는지 비교해보자.

동아시아에 가톨릭이나 이슬람교는 언제 들어왔을까? 기록을 보면, 7세기 당 제국 시기에 이란의 조로아스터교와 가톨릭의 한 종파인 네스토리우스파가 들어왔다는 것을 알 수 있다. 당나라 사람들은 네스토리우스교를 '경교'라고 불렀다. 당의 수도였던 장안(오늘날의 시안)에 대진사(大秦寺)를 세울 정도로 경교의 교세가 컸다고 한다. 당은 다른 지역과 활발히 교류했으므로 교역로를 통해 유럽 가톨릭의 한 종파도 전파되었다. 당 초기에 왕들은 북방 유목 민족이었으므로 경교나 불교 등 외래 종교에 대해 너그러웠다. 그러나 이후 당 말기 무제의 탄압으로 그 교세가 현격히 줄었다고 한다.

그러면 당 무제는 왜 경교를 탄압했을까? 당시 무제는 도교를 숭상했다. 그런데 당에서는 많은 사람이 불교를 믿었다. 불교가 성행하면서 국가의 역(役)을 피하고자 승려가 되기 위해 출가하는 사람이 늘어나고, 불교 사찰이 많이 생기면서 국가 경제에 좋지 않은 영향을 미쳤다. 결국 무제는 전국의 많은 불교 사원을 철거하고 사원의 재산을 몰수했다. 이러한 과정에서 다른 종교도 탄압을 받았는데, 이때 경교도 함께 탄압당한 것이다.

당 말기 황소의 난(875~884) 과정에 무슬림·유대교도·조로아스터교도 등 12만 명이 살해되었다는 기록이 있다. 또 13세기 몽골제국 시기에 로마 교황 니콜라오 4세의 편지를 쿠빌라이 칸에게 전달하여 베이징에서 선교를 허락받았다는 기록도 있다. 이러한

• **대진경교유행중국비 상부의 모습**
태종부터 덕종까지 약 150년 간의 경교의 역사, 경교의 교리 등이 기록되어 있다.

기록을 보면 상당히 오래전부터 여러 종교가 교역로를 통해 아시아 전역으로 퍼져나갔다는 것을 알 수 있다. 높은 산도, 거친 바다도, 끝이 없을 것 같은 사막도, 언어와 관습의 차이도, 또 정치적 경계도 사람들 사이의 교류를 막지 못했다.

이렇게 여러 종교와 문화가 교차하는 지역들을 찾아가서 질문해보자. 여러 문화·종교 가운데 어떤 문화가 선택되어 퍼지는가? 여러 문화가 어떻게 갈등하면서, 그리고 혼합되면서 새로운 문화를 만드는가? 서로 다른 문화들이 어떻게 조화를 이루면서 공존하는가? 이러한 지역에서 시간 여행을 하다보면 여러 문화가 서로 대립하는 과정, 섞이는 과정, 또 새로운 문화가 만들어지는 과정을 알 수 있다.

인도양 길을 따라서

인도양 길은 현재 중국 남부·동남아시아(오늘날의 말레이시아·인도네시아 등)·스리랑카·인도·페르시아·아프리카 동부의 킬와 등지에 이르는 해로를 통해 유라시아 전체를 연결하는 상업 교역로로 활용되었다.

학자들은 해류나 해풍, 당시의 선박 제조 기술, 또 여러 지역에 남아 있는 유적이나 기록을 보면서 당시의 인도양 길의 지도를 그렸다. 늦어도 1세기나 2세기경에는 아프리카 북부에서 서아시아, 인도와 동남아시아로 연결되는 인도양 길을 통해 여러 문물이 교환되었을 것이라고 한다. 초기에는 인도 상인들이 인도양을 오가면서 여러 상품을 교환했다. 그러한 가운데 불교와 힌두교도 동남아시아에 전해졌다.

8세기 이후 이슬람 상인이 육로를 통해, 또 바다를 통해 본격적으로 무역에 나섰다. 그러면서 인도양 길에 있는 무역항에 숙박업·창고업·선박수리업 등이 발달했고 상인도 몰려들었다.

그런데 항해에 이용할 수 있는 나침반이 8~10세기경에 개발되었다. 어떻게 배를 타고 항해를 했을까? 여러 기구와 지식이 필요했을 것이다. 먼 곳까지 가려면 오랫동안 항해할 수 있어야 하고, 음식을 상하지 않게 저장해야 했다. 또 암초에 부딪히지 않기 위해 암초의 위치를 정확히 알아야만 했다. 그리고 지금과 같은 엔진이 발달하지 않았던 시기에는 해풍이나 해류를 타고, 또는 노를 저어서 이동해야 했으므로 바람과 해류에 대해서도 잘 알아야 했다. 해류나 해풍, 바닷속 지형을 알아보면, 또 유물·유적을 통해 교류의 중심지였던 곳을 찾아보면 그 시기에 이용했을 만한 해로를 짐작해볼 수 있지 않을까? 물론 바닷속 지형도 달라지므로 그 시기 해로에 대해 완벽히 알 수는 없다.

인도양 길을 오가면서 무역했던 사람들은 누구인가? 동남아시아인·인도인·이슬람 상인·중국인 화교이다. 16세기 이후에는 서유럽인도 무역 대열에 끼어들었다. 인도양 길이 무역로로 활발히 활용되면서 경제적으로 눈에 띄게 성장했던 나라는 어느 나라인가? 이 무역로를 통해 어떤 상품과 문화가 오갔을까? 그러한 상품과 문화는 어떤 지역에 가서 어떤 변화를 일으켰을까? 그리고 인도양 교역로를 둘러싼 세력 판도는 시간이 지나면서 어떻게 달라졌을까?

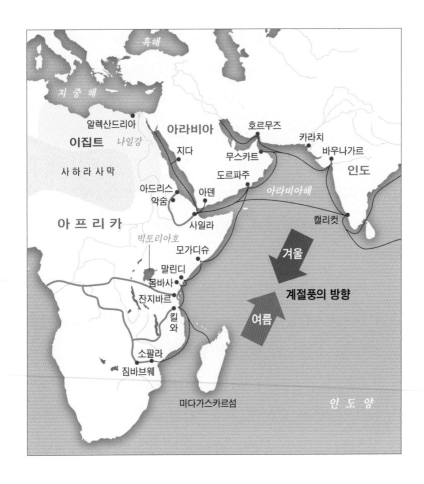

- **동아프리카 계절풍과 교역로**

  동남아시아 ·인도 ·이슬람 상인은 계절풍과 해류를 타고 아프리카 동부 지역까지 왕래하며 상업 활동
  을 했다. 아프리카 대륙의 주황색 선은 내부 교역로이다.

우리나라 사극에 등장하는 그릇들을 잘 살펴보자. 만약 삼국 시대를 배경으로 하는 사극에 오늘날 흔히 볼 수 있는 유리잔이나 유리병을 사용하는 장면이 나온다면 이는 '오류'일까? 박물관에 가서 옛날 사람들이 사용한 그릇을 살펴보자. 대체로 삼국 시대에는 토기와 자기, 고려 시대에는 청자 같은 도자기, 조선 시대에는 분청사기·백자·유기·옹기 등을 볼 수 있다. 한국 사람이 유리로 만든 그릇을 대중적으로 사용하기 시작한 것은 사실 100년도 채 안 된다.

그런데 놀랍게도, 삼국 시대와 통일신라의 유적지에서 유리 제품이 발견됐다. 가야와 신라의 왕릉에서 로마 글라스 혹은 이란식 유리병이나 유리잔이 발굴됐으며, 여러 사찰에서 유리로 된 사리함도 나왔다. 백제의 무령왕릉에서도 유리 동자상이나 유리구슬이 발굴됐다.

신라의 천마총에서 발굴된 유리잔 가운데 코발트색 유리잔이 있다. 당시 우리나라에는 코발트 원료가 생산되지 않았다. 코발트의 원료는 페르시아·서아시아에서 구할 수 있다. 서아시아의 이슬람 문화권에 가면 모스크를 푸른 타일로 장식한 것을 흔히 볼 수 있다. 코발트는 중국에 8세기경에 들어와 당삼채나 청화백자에 유약으로 사용되었다.

• **페르시아 이란식 유리잔**
　신라 왕릉에서 출토된 페르시아 이란식 유리잔이다. 이 유리잔은 삼국 시대에 이미 서아시아와 교류를
하고 있었다는 증거가 된다.

　청화백자는 백자에 코발트 유약으로 그림을 그린 것이다. 명과 청나라의 청화백자는 유럽의 여러 나라에 수출되어 유럽 귀족의 테이블에서 사용되기도 하고 정원이나 방을 장식하는 데 이용되기도 했다. 청나라 때 네덜란드 상인은 청의 도자기 생산지인 징더전에 도자기를 주문하여 제작하게 했다. 그런데 어떻게 신라 천마총에서 코발트색 유리잔이 나왔을까? 이것이 실크로드를 통해 중국 지역이나 고구려를 거쳐서 왔을까? 아니면 바다를 통해 들어왔을까? 이 책을 끝까지 읽어보자. 여러분은 이 질문에 대답할 수 있을 것이다.

동남아시아로 가보자. 현재 동남아시아는 크게 타이·캄보디아·미얀마·라오스 등의 불교 문화권, 말레이시아와 인도네시아의 이슬람교 문화권, 그리고 불교와 유교가 복합적으로 영향을 미친 베트남 등으로 구분된다. 문화권별로 시간 여행을 해보는 것은 어떨까? 어떻게 이러한 종교가 이들 국가에서 자리 잡게 되었을까? 캄보디아나 타이의 오래된 사원 유적지에 가보면 힌두교가 전파된 흔적도 볼 수 있다. 그런데 어떻게 불교만 남았을까?

여러 종교가 교차하였던 인도네시아 섬들의 문화 속으로 들어가보자. 1814년 한 영국군 대령이 인도네시아 자바섬의 깊은 밀림 속에서 거대하고 웅장한 사원을 발견했다. 이때까지 그 어느 자바인에게서도 들어보지 못했던 사원이다. 물론 그 지역 사람들은 이 사원에 대해 알고 있었을 것이다.

이 사원은 주위에 거대한 화산으로 둘러싸여 있었고, 열대 나무들이 무성하게 덮고 있었다. 이 사원의 이름은 보로부두르 사원이다. '보로부두르'라는 이름은 인도 산스크리트어에서 유래됐는데, '나라의 장점을 쌓아 올린 산'이라는 뜻이다. 보로부두르는 인도의 영향을 받아 인도에서 가장 성스러운 곳으로 인식되는 두 강이 합쳐지는 곳에 세워졌다. 인도네시아에서는 가장 신비스러운 장소 가운데 하나이다. 이 사원은 이집트의 피라미드처

지도 안의 지명:

수코타이 왕국

대월

크메르 왕국

수코타이

비자야

앙코르

참파

태평양

남중국해

홀로 술탄국

술라웨시해

말라카해협

수마트라섬

테르나테·티도레 술탄국

스리위자야 왕국

수리비자야

자바해

마자파힛 왕국

보르네오섬

샤일렌드라 왕국

케디리 왕조

자바섬

인도양

- **동남아시아의 제국과 왕국들**(약 9세기경)

  동남아시아에는 크메르 왕국·스리위자야 왕국·마자파힛 왕국·홀로 술탄국 등 여러 제국과 왕국이 존재했다.

• **인도네시아 보로부두르 불교 사원**
인도네시아 자바섬 중심에 위치한 불교 사원이다. 4층으로 이루어진 각각의 화랑에 새겨진 부조에는 부처의 탄생을 비롯한 그의 일생과 행적, 가르침이 정교하게 그려져 있다.

럼 만들어졌는데, 여기에 사용된 돌의 개수만 약 200만 개에 이른다고 한다. 이는 전 세계에서 가장 큰 불교사원이고, 동남아시아 지역을 통틀어 가장 오래된 사원이다.

근대적인 건축 기술도 발달하지 않았던 이 시기에 어떻게 이렇게 거대한 건축물이 만들어졌을까? 보로부두르 사원은 8세기 샤일렌드라(sailendra) 왕국 시기에 만들어진 것으로 보인다. 그러나 안타깝게도 이 사원은 완성되지는 못했다. 이 사원을 보면 이미 불교가 인도네시아 지역에 들어와서 퍼져 있었다는 것을 알 수 있다.

13~15세기 사이에 인도네시아 자바섬을 중심으로 성장한 인도계 왕국이 있었는데, 마자파힛(Majapahit) 왕국이 그것이다. 마자파힛 왕국은 현재 인도네시아 전역과 말레이 반도의 일부까지 드넓은 지역을 다스렸다. 오늘날 인도네시아인에게 마자파힛 왕국은 매우 중요한 의미가 있다. 이 시기에 많은 인도네시아 사람이 자바섬에 와서 살게 되었으므로, 이 시기부터 오늘날 인도네시아 사람들이 같은 민족이라는 인식을 갖기 시작했다고 한다.

마자파힛 사람들은 중국을 비롯한 여러 지역을 다니며 교역했고, 또 다른 나라와 교역하기 위해 외교 사절을 파견하기도 했다. 『조선왕조실록』에는 마자파힛 왕국의 상인이 조선을 방문했다는 기록이 있다. 그러니 조선 정부에서는 이들과 교역해야 한다는 생각을 하지 않았으므로, 결국 마자파힛 왕국 상인과의 만남은 그 순간으로 끝났다.

조선은 왜 그들과 교역하려고 하지 않았을까? 마자파힛 왕국과 조선 사이의 교역은 해적·왜구 등이 선박을 습격하여 약탈하는 위험이 있었기 때문에 제대로 이루어지지 못했다. 특히 조선은 건국 초부터 대외 무역에 적극적으로 나서지 않았다. 마자파힛 왕국만이 아니라 동남아시아 사람들이 삼국 시대 신라·고려·

조선 등에 이주해왔다거나 교역을 요청하는 사절을 보냈다는 기록들이 남아 있다. 이러한 기록을 찾아보면서 동남아시아와 한국의 교류에 대해 알아보는 것도 흥미롭다.

마자파힛 왕국의 많은 사람이 힌두교와 불교를 믿었다. 그런데 오늘날 인도네시아에서는 90퍼센트가 넘는 사람들이 이슬람교를 믿는다. 19세기에 인도네시아 섬 지역을 네덜란드인을 비롯한 서유럽인이 식민지화했다. 그러나 현재 이곳의 다수를 차지하는 종교는 이슬람교이다. 어떻게 된 일일까?

이슬람교는 8세기 이후 상인들에 의해 동남아시아에 들어왔다. 특히 13세기 몽골 제국의 침략으로 서아시아의 이슬람 제국이었던 아바스 왕조가 무너지자 많은 무슬림이 인도네시아의 여러 섬으로 이주했다. 이러한 이주민과 상인에 의해 이슬람교가 더욱 활발히 전파되었고, 그 결과 인도네시아에 몇 개의 이슬람 왕조가 성립되었다. 그러나 14세기경까지는 강력한 불교 왕국이었던 스리위자야 왕국이 말라카 해협을 장악하고 해상 무역을 독점했으므로 이슬람교가 널리 퍼지지는 못했다.

15세기의 이슬람 왕국인 말라카가 동남아시아 교역로를 장악하면서 이슬람교가 빠르게 퍼졌다. 이렇게 보면, 왕국의 지배층이 어떤 종교를 믿느냐에 따라 그 지역 사람들의 종교가 결정되는 것처럼 보인다. 과연 그럴까? 그러나 이슬람교가 퍼지면서 불교도와 힌두교를 믿는 사람들과의 갈등도 적지 않았을 것이다. 그럼에도 오늘날 말라카반도와 인도네시아 사람들은 차츰 이슬람교를 받아들였다. 왜 그렇게 됐을까? 이슬람교의 교리가 특별했기 때문일까? 아니면, 많은 사람이 이슬람교에서 제공하는 교육을 받고자 했기 때문일까? 그것도 아니면, 이슬람교를 믿으면 상거래를 좀 더 쉽게 할 수 있거나, 사회적으로 높은 지위에 올라갈 수 있었기 때문일까?

다시 유럽으로 가보자. 인도네시아에 마자파힛 제국이 번영하던 시기, 몽골 제국이 아시아 전역에 영향을 미치고 있었다. 몽골 제국은 넓은 영역을 여러 한국들로 나누어 다스리기는 했지만, 한국들 사이의 교통은 어렵지 않았다. 이 시기에 아시아·동남아시아·유럽·아프리카를 두루 여행했던 사람들이 있다.

13세기에 이탈리아인 마르코 폴로는 아버지를 따라 몽골 제국(당시 중국 지역에는 원[元]이 있었다)에 가서 17년 동안 수도 대도(大都: 베이징)는 물론 중국의 여러 도시와 지방, 미얀마와 베트남까지 다녀왔다. 이렇게 그가 여행하면서 보고 들은 얘기를 담은 책이 바로 『마르코 폴로 여행기』이다. 그런데 폴로는 정말로 몽골 제국을 다녀왔을까? 어떤 학자들은 폴로에 대한 기록이 중국에 없

• **남인도를 방문한 마르코 폴로**
14세기 프랑스에서 그려진 그림으로, 마르코 폴로가 남인도에서 후추를 따고 있는 모습을 담고 있다.

다는 점, 『마르코 폴로 여행기』의 많은 이야기가 허구라는 점 등을 들어 폴로가 거짓으로 이야기를 지어냈다고 주장한다. 어떻게 된 것일까? 오늘날 학계는 대체로 폴로가 중국을 다녀왔다는 설을 받아들인다.

그러나 중국 쿠빌라이 칸의 신임을 얻어 관리로 일하기도 하고 일한국으로 시집가는 원나라 공주의 호송단에도 참여했다고 주장하는 폴로에 대한 기록이 왜 중국에는 없을까? 하여간 폴로가 루스티첼로라는 사람에게 자신의 경험에 대해 들려줘서 쓴 『마르코 폴로 여행기』는 유럽 사람들로 하여금 다른 지역을 여행하고 싶게 만들었다. 포르투갈·에스파냐 사람들도 『마르코 폴로 여행기』를 읽었다.

그런데 이 책에 나오는 나라를 가보고 싶다는 욕구만으로 15세기 말 포르투갈과 에스파냐의 사람들이 아프리카를 돌아 인도로 가는 항로를 개척하려고 한 것은 아니다. 이 왕국들의 지배자들이 육지를 가로질러 가는 것도 아니고, 그렇게 먼 바다를 돌아 인도로 가려고 했던 까닭은 무엇일까?

그 이유는 향료 때문이다. 후추·육두구·정향 등과 같은 향료이다. 이 향료가 왜 그토록 유럽인에게 중요했을까?

16세기 이후 유럽에서 아프리카를 돌아 인도로 가는 항로가 개척되면서 유럽인은 인도·동남아시아·중국과의 교류에 본격적으로 나섰다. 유럽인이 중국에서 주로 수입한 물건에는 차와 도자기가 있었다. 17세기 후반부터 18세기 말까지 유럽의 귀족 사이에는 '시누아즈리'가 유행했다. 시누아즈리란 유럽에서 유행한 중국풍 문화이다. 유럽 귀족이 사용한 중국풍 가구·인테리어·그림·중국풍 정원·풍습을 말한다. 유럽의 귀족들 사이에 중국의 명이나 청에서 가져온 도자기로 장식된 거실에서 중국 도자기 찻잔에 중국이나 인도 지역에서 가져온 차를 마시는 풍습이 유행했다. 가구도 중국식 문양을 넣어 제작하기도 했다. 유럽

• 18세기 프랑수아 부셰가 그린 중국식 정원
부셰는 중국에 가보지 않고 상상해서 중국의 정원, 도자기 등을 그렸다. 유럽인의 중국에 대한 동경을
엿볼 수 있다.

인이 실크로 된 옷을 입고 중국에서 온 도자기에 인도에서 온 차
를 마시는 모습을 상상해볼까?

17세기 유럽에서 차이나풍, 또 터키풍 문화가 왜 그토록 크게
유행했을까? 그 시기 사람들에게 중국이나 터키의 문화는 이국
적이고 세련된 문화를 상징했다는 의미가 아닐까? 그런데 20세
기 초 중국이나 터키에서는 유럽 문화가 유행했다. 오늘날은 어

떠한가? 오늘날 세계 곳곳에 한류 열풍이 불고 있다. 이 열풍이 언제 가라앉을지 모르지만, 한류 문화는 다른 지역 문화와 혼합되면서 또 다른 새로운 문화로 변화된다. 문화는 흐르고 섞인다. 시간 여행을 하면서 문화가 어떤 방향으로 흘렀는지 또 어떻게 섞였는지 관찰해보자.

사하라 사막을 건너는 대상로를 따라서

아주 오래전부터 북아프리카는 지중해 세계와 지속적으로 교류했다. 7~8세기에 이베리아반도와 북아프리카를 함께 장악했던 이슬람 제국도 있었다. 이슬람 제국의 상인들은 세계 곳곳을 누비며 무역을 했기 때문에 지도 제작술도 발달했다.

14세기 현재 에스파냐의 카탈루냐에서 매우 재미있는 지도가 만들어졌다. 지도에는 그 시기 사람들이 생각하는 역사적으로 중요한 사람들이 그려져 있다. 그 가운데에는 황금관을 쓰고 황금을 들고 서 있는 서아프리카 말리 제국의 만사 무사(Mansa Musa, 1312~1335년경에 재위한 것으로 추정)가 있다. 학자들은 그를 역사상 가장 부유한 사람이라고 평가한다. 말리는 사하라 사막을 가로지르거나 바다를 통해 아프리카 서안을 항해해야만 갈 수 있는 곳이다. 이 시기 말리는 이슬람 왕국이었다. 당시 말리는 전 세계

금의 약 70퍼센트, 소금의 약 50퍼센트를 생산한 왕국으로, 무역의 중심지였다고 한다.

만사 무사는 1324~1325년 사이에 메카에 순례를 다녀왔다. 메카 순례에 자신의 시중을 드는 노예 1만 4,000여 명을 포함해서 약 6만 명의 사람을 데리고 갔다고 전해진다. 만사 무사는 수행원까지 모두 금으로 장식된 옷을 입히고, 낙타 약 500마리에 상당히 많은 양의 금을 가지고 떠났다. 메카로 가는 도중에 가난한 사람들에게 황금을 나누어주었다는 기록이 전한다. 돌아올 때는 터키와 에티오피아의 노예들을 사오기도 했다고 한다. 헌데, 놀랍게도 그 때문에 터키와 에티오피아에서는 금값이 폭락했다고 전해진다. 그의 메카 순례는 아프리카 왕의 부와 권력을 보여주어 서아시아와 북아프리카 지역에 말리의 명성을 높였으며, 이 지역과 교역을 확대하는 데 중요한 역할을 했다.

만사 무사의 이야기를 통해 무엇을 알 수 있나? 왜 만사 무사는 메카를 순례했을까? 무슬림이 생전에 해야 할 것 가운데 하나가 메카 순례이기 때문일까?

만사 무사는 가오와 제니 등에 모스크를 지었다. 또 재위 기간 동안 말리의 중심지 팀북투에는 서아프리카 각지에서 이슬람교를 공부하기 위한 사람들이 몰려들었다. 그 후 만사 무사는 유럽

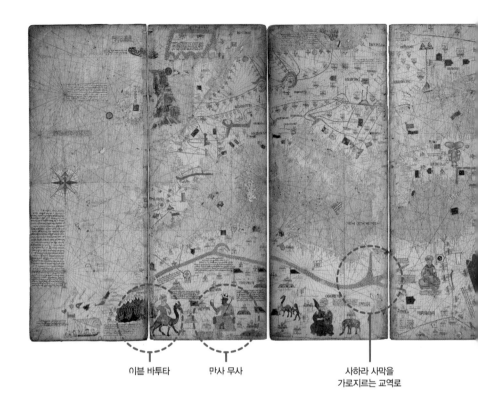

이븐 바투타　　　마사 무사　　　　　　　　사하라 사막을
　　　　　　　　　　　　　　　　　　가로지르는 교역로

- **무사와 사하라 사막 대상 교역로**(위)

  「카탈루냐 지도」(1375)에는 당시 알려진 역사상 중요한 인물들을 그려 넣었다.

- **서아프리카의 이슬람 모스크**(아래)

  무사의 재위 동안 서아프리카 각지에서 이슬람교를 공부하기 위한 사람들이 이 모스크에 몰려들었다.

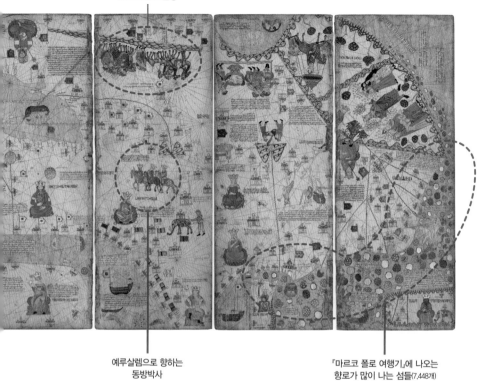

마르코 폴로 일행

예루살렘으로 향하는
동방박사

『마르코 폴로 여행기』에 나오는
향로가 많이 나는 섬들(7,448개)

과 이슬람 세계에 불후의 명성을 남겼다. 말리는 무슬림이 무력으로 정복한 지역이 아니다. 그럼에도 그 지역에 이슬람교가 전파되었다.

8세기 이후 아라비아의 이슬람 상인들은 지금도 건너기 힘든 사하라 사막을 가로질러 서아프리카로 향했다. 이들은 무엇 때문에 갔을까? 서아프리카의 소금·황금과 상아는 매우 인기 있는 상품이었다. 이 밖에 노예도 샀다고 한다. 그러나 이 시기의 노예는 16세기 이후 아메리카로 끌려가서 인간적인 대접을 받지 못했던 노예와는 대우가 달랐다.

현재 아프리카에 이슬람교를 믿는 사람들이 아주 많다. 이슬람교가 아프리카에 어떤 변화를 가져왔을까? 19세기 초 나폴레옹 부대는 이집트의 뜨거운 사막 날씨 때문에 결국 아프리카 깊숙이 침략해 들어가지 못했다. 그러나 19세기와 20세기 초 유럽인은 뜨거운 날씨와 죽음에 이르게 할 수 있는 벌레, 전염병을 뚫고 사막과 열대 우림을 탐험했다. 그리고 서로 다투면서 아프리카를 침략해서 여러 지역을 식민지로 삼았다.

유럽인은 아프리카에서 무엇을 얻으려고 했을까? 유럽인이 아프리카에 침략해 들어오면서 아프리카 여러 지역도 변화를 겪는다.

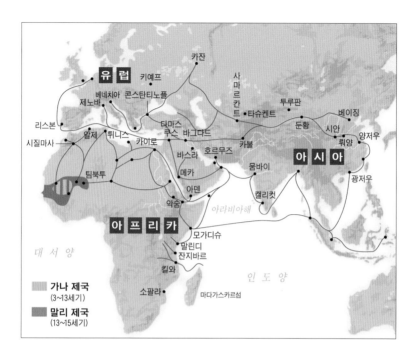

* **기원후 1500년경 교역로**
교역의 과정에서 무슬림이 아프리카·아시아 지역으로 확산되었다.

어떤 변화를 겪었을까? 어떤 문제가 있었을까? 유럽이나 미국에 대해서는 많이 알지만 아프리카의 역사에 대해서는 잘 모른다. 이 기회에 관심을 갖고 한번 탐험해보면 어떨까? 아프리카의 다양한 문화와 역사를 감상하며 문화와 인간을 인식하는 고정된 틀을 깨보자.

대서양과 태평양 교역로를 따라

15세기 말, 16세기 콜럼버스가 아메리카 대륙을 발견한 사건은 여러 면에서 중요하다. 이 사건과 관련된 중요한 사건 가운데 하나가 대서양 노예무역과 유럽과 아메리카의 노예 제도이다. 아메리카에서 탄생한 재즈 같은 독특한 음악이나 인종 차별 문제를 이해하기 위해서는 17세기 아메리카의 노예 제도를 살펴보아야 한다. 16세기 이후 유럽과 아메리카를 연결했던 대서양 횡단 교역에서 주로 거래됐던 것에 은과 노예가 있다. 노예를 상품으로 교환했다는 점을 비판하기 위해 어떤 학자들은 대서양 교역을 '노예 교역'이라고 불러야 한다고 주장한다.

미국의 한 역사가는 16세기에서 19세기 초까지 약 1,200만 명의 아프리카인이 노예선에 실려 아메리카 대륙으로 끌려가거나 팔려갔다고 한다. 그 가운데 약 200만 명 정도는 대서양을 항해하는 도중에 사망하고 1,000만 명 정도는 살아남아 노예로 팔려간 것으로 추정된다. 현재 서울의 인구가 약 1,000만 명이라고 하니 얼마나 많은 아프리카인이 노예로 팔려갔는지 짐작할 수 있다. 노예 하면 흔히 '미국의 흑인 노예'를 떠올리지만, 사실 4분의 3 정도의 노예는 중앙아메리카의 카리브해와 남아메리카 지역으로 팔려갔다.

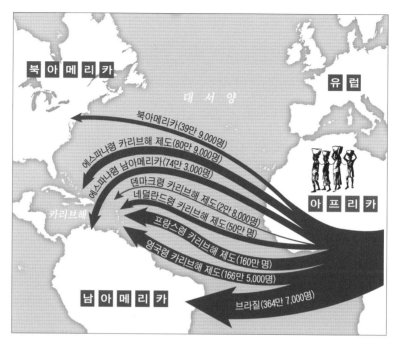

- **아프리카에서 아메리카로 강제 이주당한 노예의 수와 지역**
  아메리카 북부·중부·남부 중 어느 지역에 가장 많이 노예가 이주되었을까?

　그 시기에 왜 그렇게 많은 아프리카인이 아메리카에 노예로 끌려가게 되었을까? 유럽인이 아메리카에 이주하면서 아메리카에 사탕수수·커피·카카오·면화 등을 재배하는 거대 농장을 경영했는데, 이 농장에서 일할 많은 일손이 필요했기 때문이다. 그런데 왜 백인도 아메리카 원주민도 아니고, 아프리카인을 노예로 데려왔을까?

여러 요인이 작용했다. 아메리카 원주민이 유럽으로부터 들어온 천연두와 같은 전염병으로 많이 죽었기 때문에 노동력이 부족했던 점도 있고, 아프리카에 노예 시장이 발달해서 아프리카에서 노예를 구하기 쉬웠던 점도 있다.

노예무역은 언제, 어떻게 금지되었을까? 또 노예제도는 언제 폐지되었을까? 당시 유럽에서, 그리고 아메리카에서 노예에 대해 어떤 논쟁이 있었을까? 흑인은 노예에서 벗어나기 위해 어떤 노력을 했을까? 이러한 질문을 하면서 유럽과 미국의 노예와 관련된 논쟁을 찾아보자.

미국의 링컨(Abraham Lincoln) 대통령은 노예제 폐지를 선언했다. 그가 노예제를 폐지하려고 했던 까닭은 무엇일까? 흑인 노예의 인권 문제 때문일까? 그는 흑인 노예도 백인과 동등한 인간이라고 생각했을까? 1858년 링컨과 더글러스(Stephen Arnold Douglas)라는 정치가는 모두 일곱 번에 걸쳐 노예 제도에 대해 열띤 논쟁을 했다. 그 논쟁을 자세히 조사해보면 링컨의 노예 해방은 흑인 노예의 인권 때문이 아니라, 미국 연방을 유지하기 위한 정치적 결정이었음을 알게 될 것이다.

당시 많은 미국인이 흑인과 백인은 육체적으로 다르므로 사회적·정치적으로 평등한 조건을 누리며 살 수 없다고 생각했다. 이러한 유럽인과 미국인의 인종에 대한 생각은 생물학적 인종주의 이론에 의해 뒷받침되었다. 인종주의란 특정 인종이 생물학적으로 우수하고, 특정 인종은 생물학적으로 열등하다는 인식이다. 18세기에는 인종주의를 과학적 근거가 있는 것이라 주장했다. 인종주의 이론은 백인이 흑인 노예를 부리는 노예 제도나, 19세기 백인의 제국주의적 침략을 정당한 것이라고 주장하는 데 과학적 근거로 인용되었다.

당시 많은 사람은 흑인과 백인은 정신적으로나 육체적으로 다르며, 백인이 우월하다고 생각했다. 오늘날 우리는 그것을 편견이라고 부른다. 그러나 그 시기에는 이것이 편견이라는 인식이 없었다. 당시에 인종적 편견이 없었던 사람은 예외의 경우로 극소수였다. 링컨도 당시 사람들과 마찬가지로 백인이 우월하다고 생각했지만, 흑인 노예들의 비참한 삶에 대해서는 동정했다. 링컨은 백인우월주의자라고 비판받아야 할까? 링컨의 노예 제도 폐지를 어떻게 평가해야 할까? 생물학적 인종주의의 과학적인 근거가 없다는 것은 이미 20세기 초에 판명되었다. 그럼에도 오늘날 인종주의가 세계 곳곳에서 좀비처럼 살아나서 특정 인종이나 민족 학살·차별·생체 실험 등의 사건을 만들고 있다.

대서양 교역로를 통해 노예만이 아니라 아메리카와 유라시아의 식생·질병·공산품·무기·금과 은·노예 등도 교환됐다. 이때 상인과 이주민을 따라 종교도 흘러 들어갔다. 이런 상품 교환은 구체적으로 어떤 변화를 가져왔는가? 또 어떤 문제를 만들었을까? 원주민은 대서양을 통해 들어온 새로운 문물이나 이주민에 대해 어떻게 생각했을까?

베이징에 가면 만리장성을 볼 수 있다. 달에서 지구를 보면 유일하게 볼 수 있다고 하는 인공물이 바로 만리장성이다. 이 만리장성은 진나라 때 처음 만들어졌다. 그러나 현재 남아 있는 것은 명나라 때 복원된 것이다. 만리장성은 남아메리카에서 유입된 은을 자금으로 삼아 지었다고 한다.

명나라와 청나라에서는 은을 화폐로 사용했다. 그러므로 세계 각지에서 명과 교역하려면 은을 들고 와야 했다. 아시아인은 유럽으로 가서 교역하려고 하지 않은 데 반해, 유럽인은 아시아로 몰려들었다. 16세기 이후 유럽 열강들은 아프리카를 돌아 인도양으로 오는 교역로를 개발한 뒤 동남아시아에서는 향료를, 중국 지역에서는 차와 도자기를 유럽으로 가져갔다. 귀족들이 즐기는 상품이었기 때문이다. 그런데 유럽인에게서는 중국인이 좋아할 만한 상품이 별로 없었다.

결국, 유럽인이 중국에서 차와 도자기를 사려면 은을 가져와

• **중국의 만리장성**
만리장성은 흉노족 등의 유목 민족의 침입을 막기 위해 진나라 때 기존의 성곽을 잇고 부족한 부분은 새
롭게 축조하여 만든 거대한 성곽이다. 현재 남아있는 성곽의 상당 부분은 명대에 축조된 것이다.

야 했다. 유럽인이 남아메리카에서 광산을 발견하고 흑인 노예
와 원주민을 시켜 금과 은을 캐도록 했다. 이렇게 캐낸 남아메
리카의 은은 대서양을 가로질러 유럽의 무기와 교환됐다. 그리
고 이 과정에 유럽으로 들어온 은은 인도양을 건너 중국으로 들
어갔다. 오늘날 남아메리카의 휴양지로 유명한 아카풀코에서 직
접 은을 배에 싣고 태평양을 건너 중국에 가져가기도 했다. 그렇
게 유럽인이 가져온 은이 명나라에 넘쳐났다. 명 정부가 노동자
의 임금을 주고 만리장성을 복원할 수 있었던 것도 이렇게 쏟아

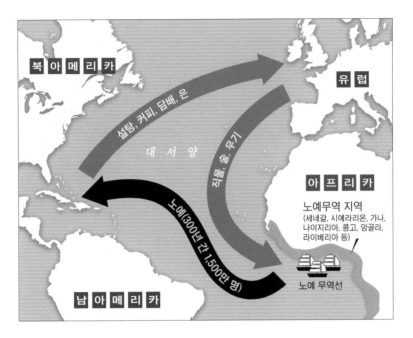

북아메리카

유럽

설탕, 커피, 담배, 은

직물, 술, 무기

대 서 양

아프리카

노예무역 지역
(세네갈, 시에라리온, 가나,
나이지리아, 콩고, 앙골라,
라이베리아 등)

노예(300년 간 1,500만 명)

노예 무역선

남아메리카

- **대서양 삼각 무역**

  인간이 어떻게 상품이 될 수 있을까? 이 시기 노예 무역선에 실려 대서양을 건너야 했던 노예들은 천연
  두와 같은 전염병으로 죽어갔고 우울증을 겪기도 했다.

져 들어오는 은 때문이었다.

　19세기에 영국 상인들은 청나라에서 도자기와 차를 사가려고

했던 데 반해 중국인은 영국의 물건을 사려고 하지 않았다. 당시

영국은 산업 혁명의 과정에 공장을 만들고 면직물을 대량생산했

다. 영국이 팔 수 있는 물건은 싼 면제품이었다. 그러나 중국에서

중국인이 만든 좋은 면제품이 싼 가격에 팔리고 있었으니, 영국

산 면제품에 중국인이 매력을 느끼기 어려웠다. 영국인이 청에서 차를 사려면 다른 방법이 필요했다. 그래서 영국 상인들이 생각해낸 것이 아편이었다. 19세기 중국에서 아편이 크게 유행하고 있었다. 이것을 보고 영국 상인이 인도에 면제품을 싸게 팔고, 그 돈으로 인도에서 아편을 대량으로 사서 중국에 가져갔다. 그렇게 청에서 아편을 판 돈으로 차를 사서 영국에 가져갔다.

중국에서는 점점 아편 중독자가 늘어났다. 당연하게도, 청 정부는 아편을 단속하기 시작했다. 이에 영국이 크게 반발하면서 청나라와 영국 사이에 전쟁이 일어났다. 이것이 바로 '아편전쟁(1839~1842)'이다.

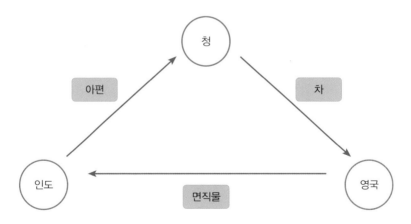

• **19세기 청, 인도, 영국 간 삼각 무역**
　영국인이 인도에서 가져다가 중국에 판 아편은 중국을 아편소굴로 만들고 중국인의 건강을 해쳤다.

중국은 영국에게 아편전쟁에 패배하면서 영국의 요구에 따라 홍콩을 100년간 빌려주었다. 그리고 100년이 지난 후 홍콩은 중국에 반환되었다. 아이러니하게도 영국 지배 아래서 홍콩인은 정치적 자유를 누렸지만, 홍콩이 중국에 반환되면서 홍콩인은 정치적 자유에 제약을 받고 있다. 여러분이 홍콩인이라면 어떻게 하겠는가?

교역로는 역사적으로 오랫동안 세계의 여러 지역을 거미줄처럼 복잡하게 연결했다. 그런데 교역로를 통해 항상 좋은 것만 교환된 것은 아니었다. 사람들에게 치명적인 병균도, 마약도, 심지어는 인간까지도 상품으로 교환되었다. 오늘날에는 인터넷이 사람들을 연결시킨다면 과거에는 교역로가 그 역할을 담당했다.

여행자를 따라가볼까?

당나라 때 현장(삼장법사, 600~664)은 수도인 장안을 떠나 인도 각지를 18년에 걸쳐 여행하고 돌아와 『대당서역기(大唐西域記)』를 남겼다. 오늘날로 보자면, 현장은 관광보다는 유학을 목적으로 인도에 갔다고 할 수 있다. 인도에 가서 연구도 하고 『불경』도 가지고 돌아왔기 때문이다.

통일신라 때 혜초(704~787)도 인도의 성지를 순례하고 『왕오

천축국전(往五天竺國傳)』을 남겼다. 많은 사람이 여러 지역을 여행하고 여행기를 남겼다. 한 제국의 장건(? ~기원전 114), 말리의 만사 무사, 이탈리아의 상인 마르코 폴로(1254~1324), 모로코 출신 무슬림 이븐 바투타(1304~1368년경), 명제국의 무슬림 환관 정화(1371~1433), 크리스토퍼 콜럼버스(1451~1506), 페르디난드 마젤란(1480~1521) 등의 여행이 특히 유명하다.

콜럼버스나 마젤란 등의 유럽인은 매우 유명하지만, 아시아나 아프리카인 여행자들에 대해서는 잘 모른다. 그러나 인도양을 가로지르는 여행로는 아시아와 아프리카 여행자들이 먼저 만들어놓았다. 특히 아시아와 아프리카에 큰 제국이 있었던 시기에는 여행이 상대적으로 쉬웠다. 그래서 몽골 제국 때에 유럽·아프리카·동남아시아·동아시아 등을 두루 돌아다닌 여행자가 많았다. 모로코 출신 무슬림인 이븐 바투타는 14세기 전반기에 북서아프리카, 지중해의 비잔티움 제국·이라크·이란·인도·중국·동남아시아·동아프리카 등지를 여행하고 여행기를 남겼다. 그가 여행한 많은 곳에는 이슬람교를 믿는 사람들이 살았다. 단순히 여행하는 데 그치지 않고 몇몇 이슬람 사회에서는 오랫동안 거주하기도 했다. 물론 기독교 국가를 방문해 기독교인도 만났다.

15세기 초 명나라 때 무슬림이었던 정화는 중국 남쪽과 당시

- **필리핀 세부의 라푸라푸 상**
  라푸라푸는 침략자에 대항하여 일어선 동남아시아인으로 필리핀의 영웅으로 추앙받는다. 막탄섬에는
  바다로 향한 곳에 라푸라푸의 상이 있다. 또 막탄섬의 주요 부분을 차지하는 도시에는 라푸라푸시라는
  이름이 붙여졌다.

이슬람 제국의 일부였던 동남아시아의 자바섬과 수마트라섬을
거쳐, 역시 이슬람 제국이었던 인도와 아프리카 동부까지 갔다.
정화도 무슬림이었다. 정화는 여러 곳에서 환영받고 많은 선물
을 받기도 했다. 물론 그는 항해 과정에 또다시 들렀던 곳에서 원
주민의 공격을 받기도 했고 전쟁을 하기도 했다. 정화가 방문했
던 지역의 사람들은 정화 일행을 어떤 사람들로 기억할까?

마젤란은 최초로 세계 일주를 했다고 알려진 함대를 이끌었던 사람이다. 그런데 마젤란은 사실 완벽하게 지구를 돌지는 못했다. 그는 에스파냐를 떠나 남아메리카 남단을 돌고 태평양을 가로질러 필리핀 세부에서 원주민에게 죽임을 당했다. 결국 에스파냐까지 돌아가지는 못한 것이다. 마젤란은 필리핀 세부에 도착하자마자, 원주민 왕을 설득해서 원주민을 가톨릭으로 개종시키고 산토니뇨 상을 선물했다. 이런 그를 막탄섬의 라푸라푸 추장이 죽였다. 라푸라푸 추장에게 물어보자. 도대체 어떻게 된 일이냐고. 필리핀인은 마젤란과 라푸라푸에 대해 어떻게 생각할까?

이들이 여행한 경로를 따라가면서 이렇게 질문해보자. 언제, 어떻게, 왜 그곳에 갔느냐고. 그곳에 가는 데 얼마나 걸렸느냐고. 그곳에 가서 무엇을 했느냐고. 또 그곳에서 무엇을 보았으며, 무엇을 했느냐고.

대중에 널리 알려지지 않은 여행자나 탐험가도 많다. 그들의 여행기를 읽으면서 당시 사람들이 세계를 어떻게 이해했는지, 다른 문화를 어떻게 받아들였는지 살펴보는 건 어떨까?

03

제국의 길을 따라서

"모든 길은 로마로 통한다"는 말이 있다. 이 말은 무슨 뜻일까?

제국은 하나의 민족이 여러 민족을 무력으로 정복하여 만들어진다. 그러므로 제국에는 대체로 말·풍습·종교·문화가 서로 다른 여러 민족이 함께 산다. 이러한 민족들은 오늘날과 달리 각각의 공동체를 이루고, 특정 지역에 모여 살았을 것이다. 그러니까 마치 학교가 여러 반으로 구성된 것처럼 행정구역을 구별했을 것이다. 그러나 한 행정구역 내에서도 말이나 종교나 풍습이 비슷한 사람들이 모여 사는 공동체들이 있었을 것이다.

그런데 사람들이 각 공동체 안에서만 생활하는 것은 아니다.

공동체 사이를 오가다가, 서로 교류하다가 문제가 생기면 어떻게 했을까? 또 여러 민족이 함께 살아야 하니, 그 민족들 사이에 갈등이나 분쟁이 없도록 조정하는 것도 중요하다.

효율적인 통치를 위한 인프라, 도로

로마 제국(476년에 멸망)은 로마법을 만들어 제국 내의 여러 민족에게 공통으로 적용하기도 했다. 로마 제국에는 시민법과 만민법이 있었다. 시민법이 로마 시민에게만 적용되는 것이었다면, 만민법은 제국 내의 시민이 아닌 사람에게도 적용하는 법이었다. 이러한 로마법은 로마인이 후세에 남긴 최고의 유산으로 꼽힌다. 후에 유럽 여러 나라의 법체계를 만드는 데 바탕이 되었기 때문이다.

제국의 통치자들은 각지에서 문제가 일어나거나 외적의 침략이 있으면 신속하게 연락을 취해야 했다. 그런 까닭에 많은 통역관이 필요했을 것이다. 그런데 그것보다 더 절실히 필요했던 것은 여러 지역을 빠르게 연결할 수 있는 도로였다.

그래서 페르시아(기원전 550~기원전 330)·로마 제국·몽골 제국(1189년 테무친이 몽골 부족 통일, 1206년 칭기즈 칸 칭호 받음)·크메르 제국 등 여러 제국들은 제국의 곳곳에서 수도까지 사람들이 빨리 오

- **페르시아 제국의 '왕의 길'**
  다리우스 1세는 정부 관료들이 급한 정보를 빠르게 중앙정부가 있는 수사에 전달할 수 있게 해야 한다는 생각으로 도로와 도로 이용 체제를 만들었다.

갈 수 있는 도로를 만들고, 국가의 관리가 그 도로를 통해 소식을 신속하게 전달할 수 있도록 연락 체제를 개발했다. 도로에는 중간마다 관리에게 숙박·음식·교통수단을 제공하는 기관을 설치했다.

대표적인 것이 페르시아 제국의 '왕의 길'이다. 다리우스 1세(기원전 550~기원전 486)는 관료들이 급한 정보를 빠르게 중앙정부가 있는 수사에 전달할 수 있게 해야 한다는 생각으로 도로와 도로 이용 체제를 만들었다. 그리스의 역사가 헤로도토스의 기록에 따르면 사르디스에서 수사까지 약2,500킬로미터를 사람들이 교대로 말을 갈아타고 밤과 낮으로 달리면 7일에서 8일 정도가 걸렸다고 한다. 보통 여행자나 군인이 걸어서 석 달이 걸리는 거리이다.

이러한 도로 이용·연락 체제는 이후 로마 제국과 몽골 제국 등 여러 제국에서도 사용되었다. 특히 로마는 정복한 곳에는 반드시 도로를 먼저 만들었다. 그러니 모든 길이 로마로 통한다는 말이 나오지 않았겠는가? 이 도로들은 군인이나 행정 관료가 주

• **몽골 역참에 제시했던 증명 표식인 파이자**
　몽골 제국에서는 약 40킬로미터마다 역참을 거미줄처럼 설치했다. 역참이 유라시아 전역에 있으므로 빠르게 각지의 정보를 전달할 수 있었다.

로 이용했지만, 나중에는 여행자와 상인도 오갔다.

몽골 제국의 역참 제도는 유명하다. 몽골 제국에서는 약 40킬로미터마다 역참을 거미줄처럼 설치했다. 역참이 무려 1,500여 개나 있었다고 한다. 역참에서는 나랏일로 여행하는 관료들이 증명서를 제시하면 식량·숙소·말을 제공했다. 역참이 유라시아 전역에 있으므로 빠르게 각지의 정보를 전달할 수 있었다.

제국들이 제국 내에 여러 민족을 통치하는 방식은 매우 다양했다. 예를 들면, 페르시아나 로마 제국, 일부 이슬람 제국의 경우 정부에 세금을 잘 내면 제국 내에 여러 공동체가 각자 자기의 종교나 풍습에 따라 살도록 했다. 그래도 행정을 위해서는 공용어가 필요하니까 한두개, 또는 세 개의 공용어를 지정해서 사용했던 제국도 있다.

그렇다고 문제가 완전히 해결되어 모든 민족이 평화롭게 산 것은 아니었다. 외적의 침입으로 제국이 무너지거나 제국이 분열하여 무너진 경우도 있었지만, 제국에서 이루어지는 특정한 민족에 대한 차별이나 억압이 제국을 무너뜨리는 경우도 있었다.

각 제국을 다니면서 어떤 갈등이 있었는지, 어떤 이유로 제국이 몰락했는지 비교해보면서 정치를 어떻게 해야 하는가 생각해보자.

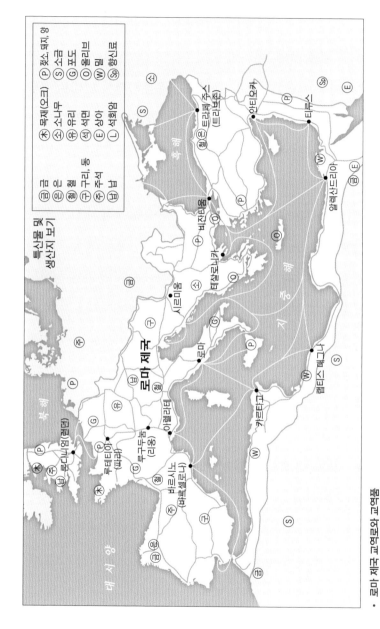

• 로마 제국 교역로와 교역품

로마 제국은 제국의 곳곳에 사람들이 빨리 오갈 수 있는 도로를 만들고 연락 체제를 개발했다.

특산물 및 생산지 보기

금 금	⑭ 목재(오크)	⑰ 젖소, 돼지, 양
⑯ 은	⑯ 소나무	⑮ 소금
⑬ 철	⑯ 유리	⑯ 포도
⑲ 구리, 동	⑯ 석면	⑩ 올리브
⑰ 주석	⑰ 상아	⑯ 밀
⑯ 납	⑯ 석회암	⑯ 향신료

일부 이슬람 제국이나 몽골 제국에서는 민족마다 차별하는 정책을 폈다. 예를 들면, 아라비아 민족을 우대한다든지 기독교인이나 유대인을 차별한다든지, 몽골족을 우대하면서 반대로 한족을 억압한다든지 하는 방법이다. 또 19세기 유럽의 제국주의 열강이 식민지 주민을 차별하거나 탄압한 예도 매우 많다.

중국에 세워진 왕조들은 북방 유목 민족과 경쟁하고 교류했다. 또 여진족·거란족·몽골족·만주족 등 북방에서 내려온 민족이 중국에 왕조를 세운 경우도 있다. 이들 민족은 중국 지역을 정복해 들어와 살다가 쫓겨나거나, 중국 한족의 문화에 동화되어 함께 살았다. 현재 중국에 가면 지역마다 언어가 다르다. 풍습이 다른 소수 민족도 매우 많다. 중국 정부는 이러한 소수 민족들을 어떻게 대할까? 중국 소수 민족들의 역사를 찾아보는 것은 어떨까?

제국들 사이의 전쟁터로 가볼까?

제국이 만들어지는 과정에서 수없이 많은 크고 작은 전쟁이 일어났다. 또 제국들 사이에 전쟁도 자주 일어났다. 사실 인류는 역사를 통틀어 셀 수 없이 많은 전쟁을 했다. 전쟁에서는 지략과 용기를 갖춘데다가 지도력을 발휘한 영웅을 만날 수 있다. 그러나 동시에 전쟁에서는 많은 사람이 다치고, 죽고, 고통당하는 장면도 보게 된다. 또 전쟁 중에 일어난 몇 가지 사건들은 인간이 얼마나 잔인해질 수 있는가, 또 얼마나 멍청한 선택을 할 수 있는가, 또는 많은 사람을 이끌어야 할 지도자들이 선택을 위해 어떤 고민을 하는가 등을 볼 수 있다. 때로는 어리석은 지도자들의 감정싸움이 전쟁으로 번지기도 하고, 때로는 권력욕이나 명예욕이 사람들을 불행한 전쟁으로 몰아넣는다. 국가나 민족의 생존 방법으로, 종교적 신념을 위해 전쟁을 선택한 예들도 있다. 그런데 정의로운 전쟁이란 게 있을 수 있을까?

다른 한편으로 무섭고 비참한 전쟁터에서 때로 적군과 아군을 구별하지 않고 인류애를 발휘했던 사람들의 이야기도 듣게 될 것이다. 그러한 이야기를 통해 인간이 인간 내부에 잠재해 있는 잔인함을 경계하고 비판하면서 그것을 넘어서려고 노력한다는 점도 알게 된다. 다친 적군을 도와주어야 할까 고민하는 사람들도 만나게 될 것이고, 생존을 위해 어쩔 수 없이 적군에게 협조하는 사람들도 보게 될 것이다. 그런 사람들에게 우리는 어떤 말을 할 수 있을까? 어떤 선택이든 고민이나 갈등 없이 이루어지기는 어렵다.

전쟁사는 인간의 여러 측면을 볼 수 있게 해준다. 전쟁사를 읽으면서 인간의 이성과 감성, 속고 속이는 지략, 경쟁심, 권력욕, 생존을 위한 노력, 용기와 비겁, 고통, 갈등과 긴장을 해결하는 지혜 등 인간의 여러 측면에 대해 생각해보자.

전쟁이나 정복의 과정에서 사람들은 싸우기만 하지는 않는다. 전쟁 과정에서 여러 문화와 기술이 교환된다. 그러한 역사를 살펴볼까? 11~13세기에는 아프리카 북부, 에스파냐, 서아시아를 이슬람 제국이 다스리고 있었다. 특히 서아시아에서는 셀주크튀르크가 성장해서 당시 유럽 동쪽 지역을 다스리고 있던 비잔티움 제국을 위협했다.

그리스 정교회의 중심지였던 비잔티움 제국은 이슬람 제국이 성지 순례를 막으며 위협을 가해온다면서 유럽의 가톨릭 교황에게 도움을 청했다. 결국, 서유럽의 가톨릭 교황은 십자군을 조직하여 셀주크튀르크를 물리치고 성지(팔레스타인, 예루살렘)를 되찾겠다고 나섰다. 전쟁에 참가한 기사들이 가슴과 어깨에 십자가 표시를 했기 때문에 이 원정을 십자군이라고 불렀다. 십자군은 모두 여덟 차례에 걸쳐 원정을 갔다. 처음에는 가톨릭을 수호하고 성지를 되찾겠다는 종교적인 목적이 강했다.

그러나 전쟁 과정에 이슬람 세계의 새로운 문물을 보게 되고 지중해 지역이 서아시아와 교역으로 부유해진 것을 알게 되었

십자군 전쟁의 십자군 원정(1~4차)

제1차(1096~1099) →
제2차(1147~1149) →
제3차(1189~1192) →
제4차(1202~1204) →

영국
런던
쾰른
레겐스부르크
비엔나
파리
프랑스
리옹
베네치아
자라
베오그라드
소피아
대서양
마르세유
로마
콘스탄티노플
니케아
흑해
리스본
메시나
안티오크
트리폴리
다마스쿠스
아크레
예루살렘
지중해
알렉산드리아

십자군 전쟁의 십자군 원정(5~7차)

리옹
베네치아
에그모르트
마르세유
자라
콘스탄티노플
흑해
로마
바리
칼리아리
키프로스 섬
튀니스
지중해
트리폴리
아크레
알렉산드리아
다미에타
예루살렘

제5차(1217~1221) →
제6차(1228~1229) →
제7차(1248~1254) →

· **십자군 원정로**

오랫동안 지속된 십자군 전쟁 과정에서 이슬람 문화가 유럽으로 전해졌다. 십자군이 이슬람 세계에서 무엇을 가지고 영국에 돌아왔을까?

다. 그 과정에서 십자군은 같은 가톨릭 세계 내에서 약탈도 하고, 돈을 벌기 위해 교역에 참여하기도 했다.

십자군 원정 과정에서 어떤 일들이 있었을까? 십자군은 왜 이렇게 여러 차례 원정을 갔을까? 십자군 전쟁에 대해 읽다보면 서유럽의 영웅 리처드 1세와 이슬람 세계의 영웅 살라딘을 만날 수 있다. 그리고 인간의 호기심, 모험심, 약탈 욕구, 재물욕, 신앙심, 신념, 속임수 등이 사회를 어떻게 만드는가를 볼 수 있다.

흥미로운 사실은 오랫동안 지속된 십자군 전쟁 과정에서 이슬람 문화가 유럽으로 전해졌다는 것이다. 영국의 학교에서 사용하는 역사책에는 이슬람 세계에서 발명된 것이 언제 유럽으로 들어왔는지를 보여주는 그림과, 이슬람 세계와 유럽이 여러 지식을 알게 된 시기를 비교하는 연표를 보여준다. 십자군이 이슬람 세계에서 무엇을 가지고 영국에 돌아왔는지를 가르치는 것이다.

8세기 중반에 중국의 당나라와 서아시아의 아바스 왕조가 중앙아시아의 탈라스강 근처에서 전투를 벌였다. 역사상 이슬람 왕국과 중국의 왕조 사이에 처음으로 벌어진 전쟁이다. 당나라가 서쪽 지역으로 정복해나가려는 것을 아바스 왕조가 막는 과

면화, 모슬린 등의 천
천문학
당나귀
목욕의 중요성
아라비아 말
풍차

성 축조술
아라비아 숫자
새로운 의약품과 허브잎
향료
기하학
멜론, 자두, 살구, 대추, 석류

- **제3차 십자군 원정에서 영국인이 이슬람 세계로부터 가지고 온 것**
  십자군 전쟁 과정에서 이슬람의 문물이 유럽으로 들어왔다. 과일·향료 등 농산물뿐만 아니라 과학 기술 도 대거 유입되었다.

정에서 발발한 전쟁이었다. 이 전쟁에서 아바스 왕조가 승리하면서 중앙아시아의 실크로드 교역로가 이슬람 세력권으로 넘어갔다. 그런데 이때 넘어간 것이 더 있다. 그중에서도 특히 중요한 것이 바로 종이를 만드는 기술인 제지술이다.

제지술은 나중에 유럽에까지 알려지게 되었다. 유럽인이 제지술을 어떻게 알게 되었는가에 대해서는 몇 가지 설이 있다.

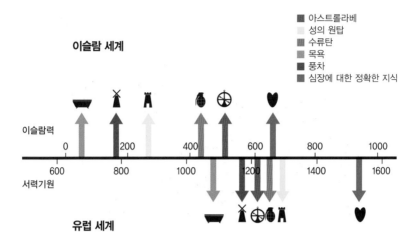

• 이슬람 세계와 유럽 세계의 발명과 발견에 관한 연표

하나는 에스파냐를 정복했던 이슬람 왕조(우마이야 왕조) 시기에 에스파냐를 통해 유럽에 진달되었다는 설이다. 다른 하나는 몽골 제국 시기인 13세기에 몽골의 칸이 서로마 제국의 교황에게 보내온 종이 편지를 보고, 유럽인이 그것과 같은 것을 만들기 위해 여러 실험을 한 결과 종이를 개발했다는 설이다.

이 가운데 어떤 설이 맞을까? 어쩌면 두 가지가 다 맞을 수도 있다. 갈등과 정복의 과정에 새로운 기술이 흘러 들어가는 사례는 임진왜란 시기에도 찾아볼 수 있다. 조선의 도자기공이 일본으로 끌려가면서 조선의 도자기 기술이 일본에 전파된 것이다.

제2장 시간 여행 경로 짜기

그런 까닭에 이 전쟁을 '도자기 전쟁'이라고도 부른다.

이렇게 전쟁 중에도 문화가 흘러간다. 특히 서로 다른 기술과 문화를 가진 나라나 제국 간에 오랜 세월에 걸쳐 진행되는 전쟁에서 문물의 교류가 일어난다. 전쟁의 와중에 서로 다른 문화가 만나고 혼합되는 것이다. 서로 다른 문화를 가진 지역 간의 전쟁에 어떤 것이 있을까?

기원전 5세기 페르시아-그리스 간의 충돌, 기원전 1세기~기원후 5세기 사이 로마 제국의 유럽 정복, 기원전 4세기 알렉산드로스 제국의 페르시아·인도 북부 원정, 13세기 몽골 제국의 아시아 정복, 7세기에서 9세기 사이 이슬람 제국의 아프리카 북부와 에스파냐 남부 정복, 13세기 오스만 제국과 비잔틴 제국의 충돌, 17세기 오스만 제국과 서유럽 및 러시아의 충돌, 중국 역대 제국들과 동북아시아, 중앙아시아 유목 제국과의 충돌, 그리고 16세기 이후 유럽 제국과 남아메리카·중앙아메리카 제국과의 충돌, 19세기 유럽 제국들과 아프리카 제국들의 충돌, 19세기 유럽 제국들과 동아시아 국가들의 충돌 등이 있다.

고려에서도 몽골 제국과 충돌하고, 몽골의 간섭을 받으면서 여러 문화가 교류되었다. 이러한 충돌 지역에 가서 문화들이 어떻게 충돌하고 교차하였는지, 문화들 사이의 관계는 어떠한지,

어떤 새로운 문화가 만들어졌는지 살펴보자.

전쟁으로 문화가 교차하는 지역을 찾아가볼까?

종교가 상업 교류나 선교사에 의해 전해진 경우도 있지만, 정복으로 전파되기도 한다. 현재 에스파냐 지역은 로마 가톨릭 왕조가 통치한 적도 있지만 이슬람 왕조(우마이야 왕조)가 다스린 적도 있다. 이슬람 왕조가 다스리던 시기에 지어진 건축물이 남부 지역에 아직 아름답게 남아 있어 관광객의 발길을 끈다.

코르도바나 그라나다에 가면 여러 이슬람 왕조 시대 건축물을 볼 수 있다. 대표적인 건축물이 그라나다의 알람브라 궁전이다. 이 지역의 이슬람 왕조를 기독교 왕조가 몰아냈다. 그런데 기독교의 귀족들은 이슬람 왕조가 세운 건축물을 파괴하지 않고, 그대로 사용하거나 변형해서 사용했다. 그래서 이슬람 문화와 기독교 문화가 혼합된 건축물들이 여럿 남아 있다.

기독교 왕조가 들어서면서 이슬람 건축물을 파괴하지 않고 그대로 사용한 까닭은 무엇일까? 얼핏 우리가 생각할 수 있는 것은 '아까워서' '좋아서' 등의 대답이다. 그러나 그렇게 단순하게, 오늘날 우리가 생각하는 방식대로 대답할 수 있는 문제가 아니다. 이 시기 사람들이 고려했던 여러 가지 요소를 복합적으로 살

• 아야 소피아

터키의 이스탄불에 있는 동방 정교회 대성당으로 현재는 박물관으로 사용 중이다. 537년에 1453년까지
는 그리스 정교회 성당이자 콘스탄티노폴리스 세계 총대주교의 총본산이었다.

펴보아야 한다. 또 이들이 생각하는 방식은 오늘날 우리와 달랐
다는 점도 고려해야 한다. 이 시기로 가서 그 당시 사람들이 어떤
생각으로 이 건물들을 남겼는지 물어보면 어떨까?

그런데 에스파냐만이 아니라 다른 지역에서도 비슷한 사례를
볼 수 있다. 현재 터키의 이스탄불은 동로마 제국 시절에는 콘
스탄티노폴이라고 불렸다. 이스탄불은 1,600년 동안 여러 국가
의 수도였다. 로마 제국·비잔틴 제국·라틴 제국, 그리고 오스만

제국의 수도였다. 여러 종교와 문화가 교차되고 혼합된 지역이다. 터키의 이스탄불에 있는 하기야 소피아(또는 아야 소피아, 소피아 대성당)는 원래 동로마 제국 시기에 세워진 그리스 정교회 대성당이었다. 이 성당은 라틴 제국 시기에는 가톨릭 성당으로 개조되었다가, 오스만 제국이 콘스탄티노플을 점령하면서 이슬람의 모스크로 사용되었다. 그리고 현재는 박물관으로 사용된다. 지금 아야 소피아에 가보면 옛 기독교인의 흔적은 전혀 없다. 기독교식의 첨탑은 남아 있지만, 내부는 이슬람식으로 장식되어 있다.

16세기 에스파냐군의 계속된 침략으로 남아메리카의 잉카 문명이 무너졌다. 16세기 예수회와 프란체스코회, 도미니코회 같은 천주교 교단에서 많은 선교사를 파견하여 원주민 마을에 교회를 세우고 미개척 지역에서 선교 활동을 시작했다. 일부 초기 선교사들은 원주민들의 권리를 옹호해주었다. 그러나 선교사들 대부분은 남아메리카 원주민의 문화를 미신, 악마의 유산으로 치부하면서 천주교로 개종할 것을 강요했다. 이들은 개종하지 않는 사람들을 처벌하기도 했다. 그리고 남아메리카의 전통 종교와 종교 지도자들을 공격하였다.

이러한 강압에도 원주민은 전통 종교를 포기하지 않았다. 그

- **대만 단수이의 홍마오청**
  대만 단수이의 홍마오청에 가면 대만을 침략하고 다스렸던 나라들의 국기가 걸려 있다. 대만을 식민통
  치했던 나라에는 포르투갈 ·네덜란드 ·에스파냐 ·청 ·일본 ·미국 ·영국 등이 있다.

결과, 원주민이나 메소티소는 전통 종교와 기독교 신앙을 적절히 혼합하는 방식으로 기독교를 변형하여 수용했다. 정복자인 에스파냐인이 피정복인의 문화인 남아메리카의 회화 양식을 적극적으로 받아들여 혼합된 회화 양식을 만들기도 하였다.

현재 대만의 단수이라는 곳에 가면 에스파냐가 만들고 네덜란드 제국이 대만을 식민지로 삼은 후 사용했던 건물이 남아 있다. 그 건물 앞에는 일곱 개의 국기가 걸려 있다. 대만을 정복했던 나라들의 국기이다. 이 국기들은 대만의 식민 통치의 역사를 보여준다. 대만 사람들은 이러한 여러 나라의 식민 통치 시기를 어떻게 생각할까?

19세기에 유럽 열강·미국·일본 제국주의 국가 등이 세계 여러 나라를 식민지화했다. 그 나라들에서는 독립을 외치는 민족운동이 일어났다. 그러한 제국들을 방문하여 식민 통치자들과 식민지 주민들 각자에게 제국이 식민지를 어떻게 통치했는지, 또 통치 과정에 어떤 문제가 있었는지, 그 문제를 어떻게 해결하려고 노력했는지 등을 질문해보자. 식민 통치자와 식민지 주민들이 말하는 식민지 시기에 대한 이야기는 아마 다를 것이다.

어떤 지역에서든 외부에서 새로운 문화가 들어온다고 무조건 받아들였던 것은 아니다. 앞서 감자 이야기를 통해서도 명확히 알 수 있다. 현재 아프리카 말리의 공식어는 프랑스어이지만, 무슬림이 전체 인구의 90퍼센트 정도를 차지한다. 말리는 프랑스의 식민 지배를 받으면서 여러 프랑스 문화를 받아들였지만 종교까지 받아들이지는 않았다.

말레이시아나 인도네시아처럼 한곳에 불교·힌두교·이슬람교·기독교 등 여러 종교가 들어가서 오랜 세월에 걸쳐 여러 번

개종이 일어난 지역들이 있다. 에스파냐 남부와 북아프리카, 현재의 터키 지역 등 로마가톨릭·그리스 정교·이슬람교·기독교(개신교) 등 여러 종교의 왕조들이 들어섰던 곳이다. 또 19세기에 유럽의 기독교 국가들이 아프리카·인도·동남아시아를 식민지로 삼으면서 로마가톨릭이나 기독교가 그 지역에 들어가기도 했다.

그런데 이렇게 여러 종교가 교차하는 지역의 역사를 보면, 그 지역의 많은 사람이 개종하거나, 또는 반대로 끝까지 개종하지 않는 경우를 보게 된다. 그 지역에서 종교적인 신념 때문에 사람들이 개종했을까? 어떤 경우에 그 지역민 전체가 개종하게 될까? 또 어떤 경우에 개종하지 않게 될까? 이 질문만 가지고 종교가 교차하는 지역의 역사를 탐구해봐도 재미있을 것이다.

모든 정복자가 피정복자에게 정복자의 문화를 강요했던 것은 아니다. 그리고 피정복자들이 정복자의 문화를 무조건 받아들인 것도 아니다. 때로 저항도 하였고, 때로는 역으로 피정복자의 문화가 정복자의 문화에 큰 영향을 주기도 하였다. 또 정복자의 기술이나 사상 등의 문화를 받아들여 정복자에 대한 저항의 무기로 사용하는 경우도 있었다. 정복자를 싫어하거나 미워하면서도 그들에게서 새로운 문물을 받아들여 저항의 무기로 사용한 것이다. 앞서 말한 철제 무기나 전차와 같은 것도 마찬가지이다. 또 종이 만드는 기술이나 화기 제조술, 십자군 전쟁 때 유럽인이 받아들인 많은 기술과 문화도 바로 적을 싫어하면서도 적에게 배운 경우이다.

이렇게 정복을 통해 문화가 교차된 곳을 찾아보는 것도 유익하다. 정복자와 피정복자의 문화가 각각 공존하면서 발달하기도 하고, 한 문화로 동화될 수도 있으며, 때로는 혼합되어 새로운 문화가 만들어지기도 한다. 아니면 영원히 갈등으로 남아 혼란이 지속되기도 한다. 오히려 정복자가 피정복자의 문화에 동화되기도 한다. 정복에 의해 문화가 교차하는 곳들의 문화 발달 양상을 비교해보면서, '왜 이렇게 다른 양상을 보일까'를 질문하고 탐구해보면 어떨까?

질병의 확산 경로를 따라가볼까?

앞서 14세기에 흑사병이 유럽에 거대한 변화를 가져왔던 점에 대해 간단하게 살펴보았다. 그런데 사실 흑사병은 유럽에만 퍼졌던 것이 아니다. 그 시기 유라시아 전체에 걸쳐 확산하였고, 그후에도 사그라졌다가 다시 퍼지곤 했다. 그런데 유럽에서는 흑사병의 충격이 다른 지역보다 훨씬 더 컸던 것으로 보인다. 흑사병은 어떻게 유럽인 사이에 그토록 강력하게 퍼지게 되었을까? 여기에는 여러 가지 설이 있다.

첫째, 몽골의 킵차크 군대가 현재 크림 반도에 있는 한 도시를 향해 흑사병에 걸린 환자의 시신을 쏘았는데, 이 도시 안에 있던 제노바 상인이 후에 고향으로 돌아가면서 유럽에 전파되었다는 설이다. 오늘날 전쟁에서 생화학 무기를 사용하는 것처럼, 옛날에 전쟁을 벌일 때 전염병으로 죽은 시신을 적진에 쏘아 보내 전염병을 퍼뜨려 적의 전력을 약화시키는 전략을 사용한 지역도 있었다.

몽골이 세계 제국을 만드는 과정에서 기병대가 오랜 흑사병 감염 중심지인 중앙아시아를 침략했다. 이곳에서 흑사병 균이 몽골군의 말안장과 꼬리를 타고 몽골군의 정복지로 퍼져나갔다. 이렇게 해서 몽골군이 침략한 곳에는 여기저기 흑사병이 퍼지게 되었다.

둘째, 이탈리아인이 몽골군이 침략했던 지역의 사람들과 접촉하면서 흑사병 균이 유라시아 전역, 그리고 교역로를 따라 유럽 전역에 확산하였다는 설이다. 당시 이탈리아와 지중해는 유럽 교역의 중심지였으므로 이곳을 통해 이탈리아에 흑사병 균이 들어왔다는 것이다.

셋째, 몽골 제국 이전에 십자군이 서아시아 쪽으로 원정을 갔다가 그쪽에서 보석 등을 약탈해오면서 흑사병도 얻어왔다는 설도 있다. 흑사병이 확산한 시기를 보면 몽골군과의 접촉 때문인 것도 같은데, 과연 어느 설이 맞을까?

십자군에 의해서든, 몽골군에 의해서든 전쟁 과정에 이처럼 질병 균도 오간 것이다. 이 시기에 유럽은 흑사병으로 매우 큰 변화를 겪었다. 어떤 학자는 유럽만이 아니라, 흑사병 때문에 아시아의 여러 곳에서 사람들이 많이 죽었으며, 여러 왕조가 교체되는 변화가 일어났다고 주장한다.

흑사병은 그 뒤로도 유럽에 자주 나타났다. 17세기에는 런던 인구의 20퍼센트 정도가 흑사병으로 죽었다. 18세기 말, 프랑스의 나폴레옹 군대가 이스라엘의 항구에 도착했을 때도 병사들 사이에 흑사병이 퍼졌다고 한다.

사정이 이렇다보니, 흑사병은 유럽인에게 엄청난 공포의 대상이었다. 흑사병의 원인이나 치료법은 20세기가 되어서야 조금씩 밝혀졌다. 유럽을 여행하다보면 흑사병과 관련된 조각이나 그림 등을 볼 수 있다. 흑사병이 심했던 지역에 가서 그러한 흔적들을 찾아보면 어떨까?

다른 질병도 한번 볼까? 1532년 8,000명 정도의 대군을 거느렸던 잉카의 황제 아타우알파는 기껏해야 200명 내외의 군사를 거느렸던 에스파냐의 침략자 프란시스코 피사로의 침략을 받았다. 그러나 승자는 아타우알파가 아닌 피사로였다. 대체 어떻게 된 것일까?

사실, 잉카 제국이 패배한 데는 여러 요인이 복합적으로 작용했다. 그 요인에는 그들이 믿고 있던 신앙, 유럽인의 철제 무기, 그리고 천연두라는 질병도 있었다.

중앙아메리카에 있었던 아스텍 제국의 원주민 인구는 1521년 에스파냐에 정복당하기 전에 대략 1,000만 명에서 2,500만 명 정도였다. 그런데 아스텍 원주민 수가 17세기 초에는 200만 명 이하로 줄어들었다. 비슷한 시기에 페루의 잉카 제국 주민들은 대략 700만 명에서 50만 명 정도로 줄었다. 이러한 참화를 빚은 주범은 천연두이다. 에스파냐가 들어오기 전에 이 지역에 천연두가 존재했다는 증거는 전혀 없다. 즉 아스텍인이나 잉카인은 천연두에 대한 면역력이 없었다. 그런데 유럽에서 온 에스파냐 병사 가운데 천연두에 걸린 사람들이 있었다. 이들에 의해 천연두균이 중앙아메리카와 남아메리카에 퍼진 것이다.

사실, 에스파냐가 전쟁에 이기려고 일부러 병균을 퍼뜨린 것은 아니었다. 그런데 아메리카와 유럽 사이에 접촉이 없다가 접촉이 이루어지면서 병균도 교환되었다. 이 시기에 아메리카에서 유럽에 들어간 병균도 있었는데, 매독 균을 예로 들 수 있다.

제1차 세계대전이 끝나가던 1918년 초여름 당시 프랑스에 주둔했던 미군 병사들 사이에 독감 환자가 나타났다. 독감은 급속도로 번져 많은 유럽인을 죽음에 이르게 했다. 그해 9월, 제1차 세계대전에 참전했던 미군이 미국으로 돌아가면서 독감은 미국으로 확산되었다. 한국에서도 많은 사람이 감염되었고, 약 14만 명이 사망했다고 알려져 있다.

어떻게 이 독감이 한국에까지 퍼졌을까? 이 독감은 2년 동안 전 세계 2,500만에서 5,000만 명의 목숨을 앗아갔다고 한다. 어떤 학자는 세계대전의 전쟁 과정에 죽은 사람보다 이 독감으로 죽은 사람이 더 많다고 주장하기도 한다. 질병의 경로를 따라가다 보면, 질병에 대처하는 사람들의 서로 다른 문화를 보게 된다. 또한 질병이 우연히 바꾼 역사도 목격하게 된다.

병균은 오늘날에도 인류를 두려움에 떨게 한다. 바이러스가 많은 생명을 한 순간에 죽음으로 몰아넣는 사례들은 최근에도 매스컴을 통해 자주 보도된다. 메르스나 에볼라, 자카 바이러스 등 이미 잘 알려진 바이러스뿐 아니라 계속 새로 나타나는 신종 전염병들이 인류를 공포로 몰아넣고 있다. 지구의 역사는 빅뱅과 미생물로부터 시작된다. 그동안 역사에서 미생물이나 바이러스의 존재에 관해서는 크게 주목하지 않았지만, 점점 많은 학자들이 질병이 인류에게 미친 영향을 연구하고 있다.

무슬림에 대한 편견, 그리고 이해

한국에 이슬람교를 믿는 무슬림은 많지 않다. TV에 나오는 무슬림과 관련된 사건 뉴스를 보면 무슬림은 매우 폭력적일 것이라는 편견을 갖게 된다. 그런데 그들의 교리를 보면 기독교나 불교에서처럼 착하게 살 것을 강조한다. 무슬림에게는 일생 동안 지켜야 할 의무가 많다. 그 가운데 가장 중요한 다섯 가지 의무가 있다. 이 의무는 세계 여러 지역의 모든 무슬림에게 공통적으로 적용된다.

첫째, 신앙고백을 통해 하느님의 종임을 확인해야 한다.

둘째, 개인은 매일 하루에 다섯 번 메카를 향하여 기도를 해야 하고, 금요일 정오에는 집단예배를 드려야 한다.

셋째, 자기 수입의 2.5퍼센트를 세금으로 헌납해야 하고, 국가 재정은 가난한 사람들을 위해서 써야 한다.

넷째, 매년 이슬람력 아홉 번째 달인 라마단 기간 동안에는 해 뜰 무렵부터 해 질 무렵까지 음식을 먹지 말고 금욕 생활을 해야 한다.

다섯째, 일생에 한 번, 이슬람력 12월 9일경을 전후하여 이슬람교의 성지인 메카를 순례해야 한다. 메카는 무함마드가 이슬람교를 완성하고 포교를 시작한 곳이다.

또 이슬람교에서는 모든 사람은 알라(하느님) 앞에서 완전 평등하다고 믿는다. 술, 간음, 돼지고기, 고리대금업, 거짓말 등은 무슬림의 계율로 엄격히 금지한다. 이러한 계율을 어기면 매우 큰 벌을 받아야 한다. 왜 돼지고기를 먹지 말라고 했을까? 아마도 그 지역의 기후와 관계될 것이다. 더운 지역인데 돼지고기는 비계가 많아서 잘 상할 수 있기 때문이다.

주변에서 성당, 교회, 절에 다니는 친구들을 보면 이들이 믿는 종교가 평화를 사랑한다는 것을 안다. 그러나 한국에 이슬람교를 믿는 사람이 많지 않기 때문에 잘못하면 편견을 가질 수 있다. 잘 모르는 것에 대해 그냥 여기저기서 들리는 이야기를 그대로 믿고 편견을 갖지 말고 자세히 알아보자. 편견은 갈등을 낳지만, 이해는 평화를 가져온다.

오스만 제국의 술레이만 대제

오스만 제국은 15세기에 현재의 이스탄불인 콘스탄티노플을 기독교 세계에서 빼앗았다. 콘스탄티노플을 점령한 후 200년 동안 오스만 제국은 그 영역을 시리아, 이집트, 북아프리카까지 확대하였고, 서아시아 지역의 대부분을 제국의 지배하에 둘 수 있게 됐다. 그리고 이 넓은 영토는 19세기에 분열됐다.

오스만 제국에서 칭송받는 술탄(왕) 가운데 술레이만 대제(1520 ~1566)가 있다. 이 시기는 오스만 제국의 전성기이다. 술레이만에게 대제(the Magnificent)라는 명칭을 준 사람은 오스만 제국인들이 아니라 유럽인이다. 술레이만은 유럽인에게도 유명할 만큼 위대한 업적을 많이 남겼기 때문이다. 그러나 술레이만 시기에 이루어졌던 오스만 제국의 전성기는 술레이만의 아버지 셀림(Selim)이 그 기틀을 닦아놓지 않았다면 불가능했을 것이다.

- **술레이만 1세**
  술레이만 시대에 오스만 제국은 최대의 번성기를 누렸다. 전통적 오스만 국가와 사회를 구축하고, 동서
  정벌을 통해 오스만 최대의 영토를 이룩했다.

한 나라에 왕위를 계승할 왕자들이 많으면 왕권 다툼이 일어나곤 한다. 조선에서도 왕이 자신에게 정치적으로 위협이 되는 동생이나 형이 있으면 이들이 역모를 꾀한다고 하면서 귀양을 보낸 경우가 있다. 또 여러 나라의 역사를 보면 왕자들 간의 권력 다툼으로 나라가 분열된 사례들이 보인다. 셀림은 이러한 점을 잘 알았다. 그래서 나라의 분열을 막기 위해 안으로는 행정체계를 안정시키고, 술탄의 권력을 약화시킬 수 있는 정적을 제거했다. 셀림은 아무도 다음 술탄 계승자인 술레이만의 왕권에 도전할 수 없도록 하기 위해, 자신의 형제는 물론 자신의 아들이자 술레이만의 네 형제를 모두 처형했다. 그리하여 술레이만이 왕위에 오를 무렵에는 왕권에 도전할 만한 어떤 정적도 없었거니와, 제국은 상당히 큰 영토와 거대한 경제력을 바탕으로 이미 크게 성장한 상태였다.

술레이만 대제 시기에 오스만 제국은 발칸을 통해서 헝가리, 흑해와 홍해, 그리고 빈의 관문에까지 그 세력을 떨쳐 제국의 전성기를 이루었다. 그런데 술레이만은 1566년 9월 헝가리를 공격하던 도중에 그의 텐트에서 죽었다. 그러나 이때 전투는 계속되고 있었고, 술탄 계승자는 이스탄불에 있었다. 술레이만이 죽었다는 소식이 알려지면 오스만의 군사들이 동요할 것이고, 그렇게 되면 전투에 질 것이 뻔했다. 이러한 상황에서 수상이 꾀를 내었다. 수상은 부하들에게 명령을 내렸다.

"술탄의 죽음을 비밀로 하고, 침상 위에서 술레이만이 직접 전투를 지휘하는 것처럼 꾸며라."

결국 전쟁은 승리로 끝났다. 명량해전에서 이순신이 부하에게 자신의 죽음을 알리지 말라고 했던 장면이 떠오르지 않는가? 술레이만의 시신은 부분적으로 밀랍되어, 새 술탄인 셀림 2세가 이스탄불에서 안전하게 권좌에 오를 때까지 2주 동안이나 숨겨져야 했다. 그리고 준비기간을 거쳐 셀림 2세는 안전하게 왕위에 올랐다.

여러분은 셀림에게 '어떻게 술레이만에게 왕위를 계승하고자 형제와 아들들을 죽이는가?'라고 질문할 것이다. 조선의 세조도 자신의 조카와 김종서를 포함한 많은 신하를 죽이고 왕위에 올랐다. 오늘날의 가치관에선 있을 수 없는 일이다. 이들은 누군가를 죽이는 것 말고, 다른 방법에 대해서는 생각해보지 않았을까? 겉으로 보이는 것만을 가지고 판단하지 말고, 과거는 오늘날과 다르다는 점을 생각하면서 깊이 들어가 탐구해야 한다.

오늘날 인류 역사를 쓰는 역사가들은 역사가 흐르는 일정한 방향이 있다고 생각한다. 많은 역사가들은 인류의 삶이 나아지고 있고, 사회가 점점 발전하고 있으며, 진보를 거듭하고 있다고 주장한다. 그런데 또 다른 학자들은 인류의 역사가 진보의 과정이 아닐 수도 있다고 생각한다. 인류가 과거에서 배우지 못하여 같은 실수를 반복하고 있다고 주장한다.

세계사를 연구하는 학자들에게 물어보자. 인류의 역사가 진보 또는 발전의 과정이라고 생각하는가? 그렇다면, 그런 방향으로 나아가게 하는 원동력은 무엇이라고 생각하는가?

여러분은 오늘날 인류의 삶이 나아지고 있다고 생각하는가? 기술이 발달하고, 인권의식이 높아졌으며, 많은 사람들이 경제적으로 풍요로운 생활을 하고 있다. 그런데 한편으로는 환경이 갈수록 파괴되고 오염문제가 심각해지고 있다. 또한 빈부 격차가 점점 커지고, 인류가 핵무기와 같은 무시무시한 대량 살상 무기를 개발하여 하루아침에 인류를 멸망시킬 수도 있다. 여러분은 인류 역사가 어떤 방향으로 가고 있다고 생각하는가?

제3장

과거 시간 여행자와의 만남

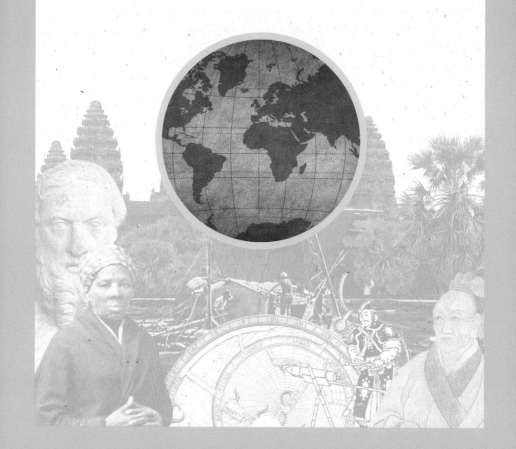

01

구전된 이야기와 기록된 이야기

오랜 옛날부터 사람들은 집단을 이루고 살아왔다. 사람들은 자기 집단의 역사를 후손에게 들려주었다. 『구약성서』 또는 『히브리 성서』라고 부르는 책이 있다. 역사상 가장 많이 팔린 책이다. 이 책은 히브리인의 역사책이기도 하다. 마찬가지로 한국인에게는 단군신화가 있다. 단군신화는 한민족이 어떻게 하나의 집단을 이루며 살게 되었는지를 알려주는 이야기이다.

문자가 만들어지기 전에 인류는 어떻게 자신의 집단이 만들어졌는지, 또 어떻게 살아왔는지 등에 관한 이야기를 말(言)로 들려줬다. 이야기를 입에서 입으로 전하는 것을 '구전(口傳)'이라고 한다. 구전된 이야기는 신화·전설·장편 서사시 등의 형식으로 역사에 남았다.

서부 아프리카의 말리인 사이에 구전되어 내려온 이야기가 있다. 말리 왕국의 전성기인 14세기에 왕이었던 아부바카 2세가 대서양을 건넜다는 이야기이다. 만사 무사는 아부바카의 뒤를 이어 왕이 되었다. 맞다. 많은 금을 가지고 메카를 순례했던 바로 그 왕이다. 만사 무사가 한 시리아 학자에게 이렇게 말했다고 한다.

아부바카 2세는 200여 척의 배에 남자들과 금, 그리고 몇 년 동안 먹을 수 있는 물과 식량을 싣고 서쪽 바다를 향해 떠나도록 명령을 내렸다. 이후 오랜 시간이 지나도록 아무도 돌아오지 않았다. 결국, 단 한 척의 배만 돌아왔다. 아부바카와 내가 무사히 돌아온 배의 선장에게 어떻게 된 일이냐고 물었다. 선장이 대답했다.

"술탄님! 여행을 떠난 후 오랜 시간이 지났을 때 바다 한가운데에서 거센 해류를 만났습니다. 다른 배들은 그 해류를 타고 들어가 그곳에 도착했고, 다시는 돌아오지 않았습니다. 저는 그 근처에는 갔지만 해류를 타고 들어가지 않았습니다."

아부바카는 2,000여 척의 배를 다시 준비했다. 그중 1,000척에는 사람들을 태우고, 나머지 1,000척에는 물과 식량을 싣고 내게

뒷일을 부탁한 뒤 대서양을 향해 떠났다. 그것이 내가 아부바카 술탄과 같이 떠난 사람들을 본 마지막으로 모습이다. 그 후 나는 술탄의 뒤를 이어 왕이 되었다.

아부바카와 일행은 아메리카에 무사히 도착했을까? 그들이 탄 해류가 콜럼버스가 탄 해류라면, 아마도 아부바카 일행은 별 탈 없이 아메리카에 도착했을 것이다. 콜럼버스도 해류를 타고 서인도제도에 도착했으니 말이다. 그러나 아부바카 일행이 아메리카에 도착했다는 증거는 없다. 다만 구전돼 내려오는 이야기가 있을 뿐이다.

문자가 없었던 집단에서는 그 집단의 역사를 암송하는 '전문 암송가'를 두기도 했다. 그래야 그 집단이 어떻게 만들어지고, 또 어떻게 살아왔는가를 후손에게 전할 수 있었기 때문이다. 왜 사람들은 그런 이야기를 후손에게 전하려고 했을까? 그 이야기를 통해 집단 안에 있는 사람들이 '하나'라는 것을 알게 하기 위해서였을까? 대답을 찾는 것은 여러분의 몫이다.

대를 이어 입으로 전해진 이야기를 글로 써내다

구전된 이야기는 문자를 발명한 후, 또는 문자를 사용할 수 있게 된 후에 기록되었다. 사람들은 자기 집단에 대한 이야기를 쓰면서, 주변에 있는 다른 집단들에 대한 이야기도 썼다. 『히브리 성서』나 고대 이라크의 『길가메시』 서사시, 그리스의 『일리아스』와 『오디세이아』, 고대 인도의 『마하바라타』와 『라마야나』 등은 모두 구전되어 내려오던 이야기를 나중에 기록한 것이다. 그런데 이러한 이야기를 역사라고 하지는 않는다. 신화적인 내용도 매우 많기 때문이다.

이렇게 구전된 이야기를 어느 정도 믿을 수 있을까? 학자들은 신화 속의 이야기를 분석하여 신화 속에 등장하는 사회나 인물에 대해 이해한다. 구전된 이야기를 바탕으로 역사를 쓰려면, 기록과 또 다른 구전된 이야기를 비교해서 확실한 증거를 찾아야 한다.

그러나 기록으로 남아 있는 이야기도 다 믿을 수 있는 것은 아니다. 기록한 사람이 잘못 알았을 수도 있고, 일부러 거짓말을 할 수도 있기 때문이다. 그러므로 모든 과거 기록이 역사를 쓰는 데 증거로 사용될 수 있는 것은 아니다.

과거에 세계 곳곳을 돌아다니며 역사를 썼던 사람들이 있다. 그들은 여러 곳을 여행하면서 사람들을 만나 전설·신화·여행담 등을 듣고, 역사적 유적에 가서 과거인의 숨결을 직접 느꼈다. 또한 학자들이 남겨놓은 글들을 찾아 읽었다. 그렇게 여러 기록과 유물을 비교·검토하여 과거 여러 민족과 지역의 역사를 썼고, 지리서를 썼으며, 지도를 그렸다. 그들과 만나보자. 그리고 몇 가지 질문을 해보자.

- 어떤 민족, 어떤 집단에 대해 썼나요? 왜 그 집단의 이야기를 썼죠?
- 그 민족이나 집단을 어떤 집단, 또는 민족이라고 생각했나요? 왜 그렇게 생각했죠?
- 알고 있던 '세계'의 모양은 어떤 것이었나요?
- 세계의 중심이 어디라고 생각했나요?
- 인류의 역사가 흐르는 일정한 방향이 있다고 생각했나요? 아니면 역사는 반복된다고 생각했나요?

헤로도토스와 사마천이 들려주는 역사

역사는 과거에 있었던 일에 대한 이야기이다. 이야기지만 상상적인 허구·소설·동화는 아니다. 역사는 실제로 일어난 일에 관한 것이고, 여러 자료를 탐구하여 어떤 일이 어떻게 일어났는지 확인하는 과정을 거쳐 서술된 이야기이다. 그래서 역사는 신화나 소설과 다르다. 역사 소설이나 역사 드라마(사극)는 역사적 기록을 보고 쓴 허구의 이야기이다. 소설이나 드라마, 영화는 남아 있는 기록과 관계없이 상상적인 내용을 덧붙인다. 이런 점을 생각하면서 역사 드라마를 봐야 한다.

그렇다면 사람들은 언제부터 자료를 객관적으로 수집하고

- **사마천(위)**

  전한 시대의 역사가이며, 『사기』의 저자이다. 무제의 태사령으로 활동했으며, 현재는 중국 최고의 역사가로 칭송된다.

- **헤로도토스(아래)**

  고대 그리스의 역사가이다. 서양 문화에서 그는 '역사학의 아버지'로 여겨진다. 대표적인 저서가 『역사』이다.

탐구하여 '역사'를 썼을까? 기원전 5세기경, 그리스의 헤로도 토스(Ηρόδοτος 현대 그리스어, Herodotos 영어)가 쓴 『역사(고대 그리스어: ἱστορίαι, 라틴어: lahistoríai, 영어: Historie)』와 기원전 2세기경 한나

라의 사마천(司馬遷)이 쓴 『사기(史記)』는 대표적인 고대 역사서
이다.

헤로도토스, 들은 이야기를 직접 확인하며 서술하다

헤로도토스 이전에 사람들은 실제로 일어났던 일과 신화나 전
설을 엄격히 구별하지 않았다. 그런데 헤로도토스는 과거의 이
야기를 기록할 때 탐구를 통해 확인하는 과정을 거쳐서 『역사』를
썼다. 사람들에게 들은 이야기, 여행하면서 자신이 직접 목격한
이야기, 또 문헌에서 읽은 이야기를 그대로 기록했고, 가능한 한
여러 자료를 비교·탐구하여 사실들을 확인하려고 했다. 그런 터
라, 기원전 1세기경 고대 로마 제국에 살았던 유명한 역사가 키
케로(Marcus Tullius Cicero)는 헤로도토스를 '역사의 아버지'라고 불
렀다. 헤로도토스가 역사를 탐구하는 방법을 정립했다는 것이다.
헤로도토스가 쓴 『역사』에는 아시아와 유럽 사이에 어떤 갈등이
있었는지에 관해 기록되어 있다. 그리스 여러 도시국가와 페르시
아 사이에 있었던 전쟁(기원전 492~기원전 448)에 대한 서술도 있다.

헤로도토스는 여러 지역을 여행했다. 오늘날의 이집트 아스완
지방인 엘레판티네, 이탈리아와 시칠리아, 우크라이나 지방인 스
키타이, 유프라테스강 유역을 거쳐 바빌론, 그리고 아프리카의

키레네 산맥까지 갔던 것으로 추정된다. 그는 여행하면서 사람들에게 들은 수많은 전설·일화·지리·민족 등을 기록했다. 예를 들면, 스키타이에 대해 이리스테아스가 들려준 이야기를 다음과 같이 기록했다.

이리스테아스는 흑해 동북방에 있는 아조프해에서 출발하여 돈강을 건넌 후 볼가강을 따라 북상하다가 우랄산맥을 넘어서 줄곧 동진한 끝에 드디어 잇세트네스인이 사는 말타아산맥 지대에 이르렀다. 여기까지 오는 데는 일곱 명의 통역원이 필요할 정도로 다양한 민족이 산다. 돈강 유역에는 사우로마다이인이, 돈강으로부터 볼가강 중류까지의 지역에는 브테노이인과 케로스인이, 그 동북편에는 인구가 많은 돗사케다이인에 이어 유르가이인과 스키타이 분파, 알켓바이오이인이 살았다. 그리고 그 동쪽에 잇세트네스인의 거주지가 있다.

– 정수일, 『실크로드 사전』 중 헤로도토스, 『역사』 재인용

헤로도토스의 기록이 매우 상세하다. 이 기록을 통해 그 시기에 흑해 동북방 지역에 얼마나 많은 민족들이 서로 다른 언어를 사용하며 살았는지 짐작할 수 있다.

그가 기록한 내용 중에는 이집트 피라미드나 파라오에 관한 기록도 있다. 헤로도토스는 이집트에서 하나의 피라미드를 건설하는 데 2만 명의 노동자가 3개월 동안 교대로 일을 하면 20년 정도 걸렸다고 썼다. 그는 돌을 위에서 쌓기 시작해 밑으로 내려와 완성했다고 적었다. 또한 노동자들은 모두 왕의 노예였으며, 이집트의 왕인 파라오가 이집트인을 매우 혹사했다고 묘사했다. 피라미드 공사는 헤로도토스가 살았던 시기보다 1,000년 전에 있었던 일이다.

처음에 역사가들은 헤로도토스의 기록을 거의 그대로 믿었다. 그러나 이집트 피라미드 유적에 관한 과학적 조사와 고고학적 연구를 통해 헤로도토스의 기록이 사실과 다르다는 것을 알게 됐다. 노동자들은 임금을 받고 일했으며, 백성에게 일자리를 마련해주기 위해, 즉 일자리 대책의 차원에서 피라미드를 건설했을 가능성이 크다는 것이다. 피라미드 건설 현장 주변에 노동자들이 살았던 것으로 보이는 주거지 유적이 발굴됐기 때문이다.

왜 헤로도토스의 기록과 오늘날 역사가들의 해석 사이에 차이가 있을까? 헤로도토스가 『역사』에 기록한 모든 내용을 신뢰할 수는 없다. 그가 거짓말을 했다는 것이 아니라, 그도 1,000년 전에 일어난 일을 들어서 쓴 것이고, 헤로도토스에게 말해준 사람도 정확하게 알지 못한 채 말했을 가능성도 있다. 그렇긴 해도 『역사』는 당시 세계에 어떤 일이 있었는지 대략적으로 알 수 있는 중요한 자료이다. 오늘날 우리는 헤로도토스의 기록을 포함해 여러 자료를 비교해서 그가 살았던 시기의 스키타이족이 어떤 민족이었는지, 그리스와 페르시아, 이집트에서 어떤 일이 있었는지 등을 알 수 있다. 그런데 헤로도토스는 왜 여러 지역과 집단에 관심이 있었을까? 그리고 왜 그들에 대한 기록을 남기려 애를 썼을까?

사마천, "천하의 옛일을 비교하여 흥망성쇠의 이치를 고증하고 싶다"

유럽인이 생각한 역사의 아버지가 헤로도토스라면, 중국인이 생각한 역사의 아버지는 사마천이다. 사마천이 쓴 역사서는 현재 우리가 『사기』라고 부르는 책이지만, 원래 제목은 『태사공서(太史公書)』였다. 이 책은 총 130편으로 구성되어 있다. 사마천은 한 무제의 명을 받아 중국 각지를 여행하며 역사의 무대가 됐던 곳을 찾아다녔다. 또 여러 자료를 수집했다. 그런 풍부한 여행 경험과 다양한 자료를 바탕으로 『사기』를 썼다.

사마천의 생애는 그가 쓴 역사책만큼이나 극적이다. 기원전 99년 이릉(李陵)이란 한 나라 장군이 흉노에게 투항하는 사건이 일어났다. 당시 사마천이 살았던 한은 흉노와 쉴 새 없이 전쟁을 했다. 그러므로 흉노에게 항복한 장군은 벌을 받을 수밖에 없었다. 사마천은 이릉이 어쩔 수 없이 투항했다며 그의 입장을 변호하다가 무제의 노여움을 샀다. 엎친 데 덮친 격으로 이릉이 흉노에게 벼슬을 받고, 흉노의 군대에 병법을 가르친다는 소문까지 떠돌았다.

이에 무제는 이릉의 가족을 모두 죽이고, 사마천에게는 역적을 옹호했다는 죄목으로 사형을 선고했다. 사형을 면하기 위해서는 돈 50만 전을 내거나 궁형을 당해야 했다. 사마천은 첫째 방법을 택하고 싶었으나, 50만 전이라는 많은 돈을 낼 수 있는 형편이 아니었다. 결국, 궁형을 선택했다. 궁형은 생식기를 잘라내는 매우 치욕적인 형벌이다. 이듬해에 사마천은 한 무제에게 궁형을 받았다. 궁형이라는 위험천만한 형벌을 받고도 끝내 살아남아 울분을 삼키며 『사기』 서술에 몰두했다. 이미 아버지가 시작한 작업이었기에 어떤 시련이 닥쳐도 그 일을 꼭 완수해야 한다고 생각했다.

그는 『사기』에 "천하에 옛일들을 모두 비교·검토하여 성공과 실패, 흥하고 망하는 이치를 고증하고 싶다"는 생각으로 역사서를 썼다고 했다. 그러니까 과거에 일어났던 일들이 왜 성공하고 실패했는지를 써서 후세에 교훈을 주고 싶었던 것이다. 『사기』는 전설 속에 나오는 중국의 '황제'에서 시작해 사마천이 섬겼던, 자신에게 궁형을 내렸던 한 무제 초기(기원전 104~기원전 101)까지의 약 2,000년간의 역사를 기록했다.

『사기』에 나오는 '황제'는 최초의 천자(天子: 하늘의 아들)이다. 사마천은 중국의 역대 왕조들에 관해 서술하면서 하늘이 혁명을 명하는 자(천명을 받은 자)가 천하를 통치했다고 썼다. 천하를 통치했던 하·상·주에서 진으로 왕조가 교체되고 마지막에 한 왕조가 들어섰는데, 이 왕조들은 모두 하늘의 명을 받은 자들이 세운 것이라는 주장이다(천명사상天命思想). 사마천을 만나면 천명사상에 대해 좀 더 자세히 물어보는 것은 어떨까? 이 천명사상이 한국에도 영향을 미쳤으니 말이다.

사마천은 『사기』를 기전체라는 체계로 서술했다. '기전체'란 기(紀), 전(傳), 지(志), 표(表) 등으로 구성해서 역사를 서술하는 방식이다. '기'는 왕조의 변천을 천자(황제)의 정치와 행적을 중심으로 연대순으로 쓴 것이다. '전'은 인물들에 대한 기록으로, 각 왕조 시기의 중요한 인물에 관해 쓴 것이다. '지'는 문물이나 제도가 어떻게 만들어졌는지, 또 어떻게 변천했는지에 관해 쓴 것이다. '표'는 각 시대 역사의 흐름을 연표로 간략하게 쓴 것이다.

예를 들면, 진시황 시기에는 『진시황 본기』와 『이사 열전』이 있다. 본기에는 시황을 중심으로 조정에서 어떤 일이 있었는지 서술했다. 『이사 열전』은 이사라는 신하에 대해 썼다. 이사(李斯)는 진시황이 천하를 통일하는 데 큰 공을 세운 신하이다. 그는 진시황에게 정치를 비판하는 학자들이 쓴 책과 글들을 모두 모아 태워버리라고 건의했다. 그리하여 후일 진시황이 '분서갱유(焚書坑儒)'하는 데 영향을 미쳤다는 비판을 받게 되었다. 분서갱유란 책을 불태우고(분서), 유학자를 생매장(갱유)한 사건을 의미한다. 그러나 실제 모든 유학자를 생매장한 것으로 보이지는 않는다. 진시황은 법가(法家) 사상 이외에 다른 사상이 퍼지지 않게 하기 위해 유가(儒家) 등 다른 사상 서적을 불태웠다. 그리고 진의 모든 백성이 법가 사상에 따라 살게 하려고 했다.

　『본기』는 왕조의 변천에 대한 이야기이니, 형식으로 보면 왕위에 올랐던 사람들에 대한 이야기이다. 그러나 사마천은 왕위에 올랐던 사람들보다 실제로 천하를 장악했던 사람들의 이야기를 썼다. 그러니까 말하자면 왕이었지만 무능하고 꼭두각시였던 사람에 관한 이야기는 빼고, 왕이 아니더라도 왕 뒤에서 실제 권력을 휘둘렀던 사람들의 이야기를 중심으로 왕조 변화를 쓴 것이다. 왜 그랬을까? 겉으로 보이는 것과 다른, 실제의 흥·망·성·

쇠의 이치를 알리고 싶어서이지 않을까?

우리나라의 『삼국사기』 『고려사』도 기전체로 서술되었다. 사마천이 『사기』를 쓴 이후 기전체는 동아시아 역사 서술의 표준이 되었다. 그런데 오늘날 우리의 역사 서술 방식은 19세기 서유럽에서 개발된 방식이다. 그래서 오히려 기전체가 낯설기만 하다.

사마천이 살았던 시기에 사람들이 알았던 세계는 어떤 세계였을까? 아쉽게도, 사마천이 살았던 시기 중국인들이 인식했던 '세계'의 지리적 범위에 대해 알 수 있는 지도는 남아 있지 않다.

그러나 이후 중국의 여러 왕조에서도 계속 역사서를 썼고, 주변 민족들에 대한 기록을 남겼기 때문에 중국의 역사서에서 한국사에 나오는 부여·고구려·옥저·동예 등에 대한 기록도 볼 수 있다.

중국 역대 왕조는 대체로 중화사상(中華思想)의 시각에서 역사를 썼다. 중화사상이란 오래된 자신들의 문화를 가장 발달된 문화라고 생각하는 사상으로, 이 사상에서는 중국이 세계의 중심이라고 주장한다. 이 사상은 한족(漢族)만이 참된 인간이 있는 문명을 이루었으며, 그 주변 민족은 인간으로서 부족한 오랑캐들이 만든 나라, 즉 비문명국이라고 주장한다.

역사상 거대한 영역을 통치했던 여러 제국은 대체로 자민족만이 문명국이라는 시각, 자신이 사는 제국이 가장 큰 번영을 누렸다는 시각에서 역사를 서술했다. 뒤에 보게 될 14세기 몽골 제국이나, 19세기 유럽 열강의 역사 서술도 마찬가지이다.

고대 그리스로 가서 헤로도토스를 만나보자. 그리고 한의 사마천과도 대화해보자. 이들에게 어떤 세계관과 역사관을 가지고 있는지 물어보자. 오늘날과 무엇이 비슷하고 무엇이 다를까? 그들은 역사에서 무엇을 가르치려고 했을까?

03

스트라본과 프톨레마이오스에게 듣는 세계

헤로도토스는 기원전 5세기경에 여러 지역을 돌아다녔다. 그 시기 사람들이 알았던 '세계'의 범위는 어느 정도였을까?

기원후 1세기경 로마(이탈리아), 알렉산드리아(이집트와 마케도니아), 간다라(인도 북부), 파트나(인도 갠지스 강 남부), 장안(중국 시안) 등에는 많은 사람이 모여들었다. 그 지역은 여행자·상인·군인 등이 주로 지나다니는 중심지였기 때문이다. 이곳에 살면서 교육을 받은 사람이라면 유럽, 아시아와 북아프리카에 살았던 민족에 대한 다양한 지식을 얻을 수 있었을 것이다.

스트라본, 고대 그리스인이 인식한 세계를 보여주다

고대 그리스인이 인식한 세계를 지리적으로 이해하는 데는 지리학자이자 역사학자인 스트라본(라틴어: Strabo, 영어: Strabon, 기원전 63~기원후 22)의 『지리서』가 도움이 된다. 스트라본은 오늘날 지중해 지역의 터키에서 태어나서 살았다. 그 시기에 그 지역은 로마제국의 영역이었다. 그는 유럽과 이집트·리비아·아시아 등 여러 곳을 다니면서 관찰한 것을 토대로 17권의 『지리학(Geographica)』을 썼다. 이 책에는 유럽·아시아·아프리카의 전설, 사건, 중심도시, 주요인물, 종교, 지형, 동물과 식물 등에 대한 내용이 풍부하게 담겨 있다.

스트라본은 인도에 관해서도 썼다. 인도에 가본 적도 없는 스트라본이 인도에 관해 어떻게 알았을까? 스트라본은 여러 여행자나 군인에게 인도에 대해 들었다. 그가 그리스와 인도의 문화를 비교한 글은 매우 놀랍다. 오늘날 우리가 아는 지식과 흡사한 측면이 있기 때문이다. 그는 인도의 지배층(브라만)이 미신에 사로잡혀 있으며, 인도인은 물질적으로나 정치적으로 발달하지 못한 조건 속에서 생활한다고 했다. 스트라본이 생각한 정치적으로 발달한 조건이란 어떤 것일까? 아마도 그리스와 같은 정치체제가 아니었을까?

스트라본은 인도인과 그리스인의 공통 사상과 문화에 관해서도 얘기했다. 그들은 모두 세계가 누군가에 의해 창조됐다고 생각했고, 시간에 시작점이 있다고 믿었다. 또한 스타라본은 두 민족이 지구가 둥글다고 생각했으며, 모두 원소의 개념을 가지고 있었다고 서술했다. 두 민족은 사람이 죽은 뒤에도 다시 태어난다는 '환생'의 사상을 믿었다고도 했다. 오늘날 우리가 고대 인도에 관해 아는 것과 매우 비슷하니 놀라울 수밖에. 스트라본이 이렇게 인도에 대해 잘 알았다는 것은 그곳에 다녀온 사람이 많거나, 혹은 그곳에 매우 오랫동안 묵었던 사람들에게 인도에 대해 들었다는 말일 것이다.

그리고 스트라본은 지구가 둥글며, 따라서 서쪽 바다로 계속 나아가면 인도에 도달하리라는 것을 알고 있었다. 이 시기에 그 사실을 알고 있었던 사람은 스트라본만이 아니다. 기원전 2세기 경에 살았던 에라토스테네스(Eratosthenes, 기원전 274~기원전 196)도 이를 알고 있었다. 심지어 그는 실제 지구 크기를 측정하기도 했다.

스트라본의 기록을 보면, 그 시기에도 사람들은 상당히 먼 지역을 왕래했다는 것을 알 수 있다. 그렇다면 그들이 세계라고 인식한 범위는 어디까지일까? 스트라본도 지도를 만들었다고 하나 현재 남아 있지는 않다.

오늘날 지도와 유사한 프톨레마이오스 지도

원형을 알 수 있는 가장 오래된 세계지도는 2세기경에 이집트 학자인 프톨레마이오스(Clasudius Ptolemaeus, 100년경~178년경)가 제작한 지도이다. 당시 이집트의 알렉산드리아는 학문의 중심지로서 많은 과학자·지리학자·역사가가 몰려들었던 곳이다. 이곳에 세워진 도서관에서는 세계 각지에서 온 매우 진귀한 자료들을 볼 수 있었다. 프톨레마이오스는 그곳에서 『지리학(Geographia)』이라는 책을 썼고, 이 책에서 설명한 지리 정보를 지도에 그대로 담아 제작했다.

프톨레마이오스의 『지리학』은 9세기에 아라비아어로 번역돼 나중에 이슬람 학자들의 지리학 발전에 이바지했다. 그리고 15세기 초(1406~1407)에 라틴어로 번역돼 서유럽인에게도 알려졌다. 현재 그리스어로 된 원본 『지리학』은 남아 있지 않다. 가장 오래된 지리서는 13세기 초의 것인데, 막시무스 플래누데스가 발견했고, 14세기 초에는 라틴어로 번역되었다.

사실 고대 이집트인이 파피루스에 그린 지도나 바빌로니아인이 점토판에 그린 지도도 남아 있다. 이것들은 대체로 이야기가 곁들여진 매우 추상적인 지도들이다. 그런데 프톨레마이오스 지도에는 유럽·아프리카 북부·아라비아·인도·동남아시아 쪽은

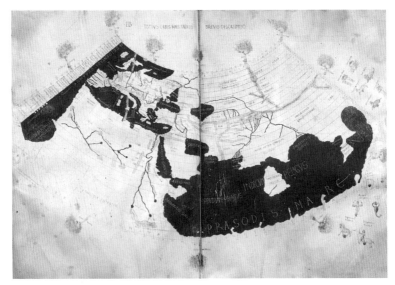

- **프톨레마이오스 세계지도**

  콘스탄티노플의 수도사였던 막시무스 플래누데스가 재발견한 프톨레마이오스 『지리학』을 14세기 초에 라틴어로 번역한 것에 기초하여 15세기에 그린 프톨레마이오스 세계지도. 오른쪽 끝에 Sinae는 China, 즉 중국으로 보이고, 중간 아래 섬에 Sri Lanka라고 되어 있는 것은 현재의 스리랑카로 보인다.

말레이반도까지 매우 구체적으로 그려져 있다. 또한 중앙아시아와 중국 일부도 나와 있다. 자세히 보면, 큰 강과 산맥도 표시돼 있다.

프톨레마이오스 지도에 그려진 지중해·아라비아반도·아프리카 북부·아프리카 동부 등이 오늘날 지도와 상당히 유사해 놀라지 않을 수 없다. 오늘날 학자들은 이 지도가 오늘날과 같은 지도 제작법과 흡사한 지도 제작법으로 만들었을 것으로 추정한

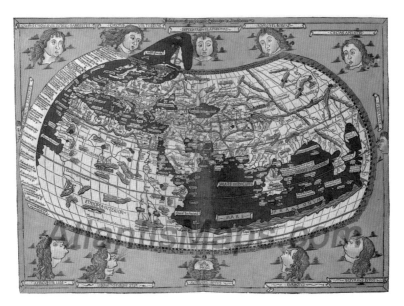

• **니콜라우스 저마누스가 다시 그린 프톨레마이오스 지도**

독일 니콜라우스 저마누스(Nicolaus Germanus)가 다시 그린 목판본 프톨레마이오스 지도(1482년본).

다. 프톨레마이오스는 지구 주위를 360도로 등분하여 경위선 망을 설정하고, 경위선 망을 평면에 투영하기 위해 간단한 원추투영법을 고안해 위도 0도에서 180도에 이르는 세계 반구도를 제작했다.

이런 세계지도를 그린 것을 보면, 2세기경에 지중해 세계에 살았던 사람들은 유럽·아시아·아프리카 등 여러 지역에 대한 상세한 지식이 있었던 것으로 보인다.

• 유럽 기독교 세계관이 반영된 티오 지도

'티오(T-O) 지도'는 중세 시기에 유럽인이 인식했던 세계를 나타내주는 지도이다. 당시 사람들의 세계를 관념적으로 표현한 것이다.

　중세 시기(대체로 5~15세기)에 유럽인이 인식했던 세계를 나타내주는 지도는 '티오(T-O) 지도'이다. 이 지도의 가장 위에는 아시아가 있다. 지도의 한가운데를 흐르는 강이 돈강 또는 홍해이며, 세로에는 지중해가 있다. 왼쪽 아래는 유럽, 오른쪽 아래는 아프리카가 자리 잡고 있다. 주변은 바다이다. 이 지도는 당시 사람들의 세계를 관념적으로 표현한 것이다. 아시아를 크게 그린 것은 그 시기 사람들이 아시아가 매우 크다고 생각했기 때문이다.

이슬람 세계에서도 티오 지도와 비슷한 세계지도를 그렸다. 이븐 알 와르디(Ibn al-Wardi, 1291~1348)가 14세기에 그린 지도를 보면 이 시기 사람들이 이슬람교의 성지인 메카를 세계의 중심으로 생각했다는 점을 알 수 있다. 오른쪽 위에는 유럽, 오른쪽 아래에는 아프리카가 보이고 나일강도 보인다. 유럽과 아프리카 사이에는 지중해가 있다. 왼쪽 위에는 아시아, 왼쪽 아래는 아프리카의 연장이다. 그리고 주변은 바다이다. 이러한 유럽과 이슬람 세계의 지도는 당시의 세계 인식을 보여준다. 또 그 시기 사람들이 인식했던 세계의 범위와 방향도 알려준다. 티오 지도를 사용했던 사람들, 그리고 이븐 알 와르디 지도를 사용했던 사람들은 세계의 중심을 어디라고 생각했을까? 그들은 왜 그렇게 생각했을까?

프톨레마이오스의 세계지도에서 어떻게 티오 지도로 바뀌게 되었을까? 왜 더 자세해지지 않고, 점점 더 단순해졌을까? 유럽에서 프톨레마이오스의 지도가 15세기 이전에 거의 사용되지 않았던 이유는 무엇일까? 그런데 왜 갑자기 프톨레마이오스의 지도가 15세기에 서유럽인의 눈길을 끌었을까? 이렇게 질문들을 하며 그 시기 사람들을 만나보자.

04

알 마수디와 알 이드리시가 알려주는 한층 넓은 세계

고대 그리스 로마 시대에 철학·과학·역사·지리 등 다양한 학문이 발달했다. 서유럽인이 자신의 역사적 기원을 고대 그리스나로마에서 찾기 때문에 그리스·로마의 학문도 당연히 서유럽이계승했을 것이라고 여기기 쉽다. 그런데 재미있게도 그리스와로마의 발전된 과학·철학·역사·지리 연구의 전통을 계승한 곳은 유럽이 아니라 이슬람 세계였다. 지도 제작도 유럽보다 이슬람 세계가 훨씬 앞서 있었다.

서유럽인이 고대 그리스와 로마의 위대한 발명, 발견, 체계적인 지식에 대해 알게 되는 것은 로마 제국이 멸망한 후 거의

1,000년이 지나서였다. 그리고 그 시기의 많은 지식을 비잔티움 제국이나 이슬람 학자에게서 배웠다. 5세기 이후 서유럽에서는 정치, 학문, 사람들의 일상생활 등 거의 모든 분야를 신이 주관한다고 믿었다. 가톨릭 교회가 사람들의 일상생활에 미치는 영향력이 커지면서, 과학적 연구보다는 신학이 발달했다. 유럽의 일반 사람들은 거의 모든 일을 신의 뜻으로 설명했다. 모든 일은 신의 계시이자 분노이고, 기쁨의 표현이라 여겼다. 고대 그리스·로마·이집트 등에서 연구한 지식은 신이 모든 것을 창조했고 관장한다는 당시 유럽 신학자의 믿음에 반하는 것이었다. 때문에 그 지식에 대해 이야기하는 것은 교회의 가르침과 다른 이단으로 취급해 배척했다.

이에 반해 비잔티움 제국에서는 로마 제국 멸망 후, 고대 그리스와 로마의 학문 전통을 계승해 유지했다. 이슬람 세계에서도 그러한 지식을 아라비아어로 번역하여 공부하면서 과학·의학·지리학·건축학 등 여러 분야에서 눈부신 성과를 이뤘다. 이렇게 발달한 이슬람 세계의 과학·의학·철학·역사·지리·건축 등에 대한 지식이 이슬람 세계가 가톨릭 유럽 세계와 갈등하고 충돌했던 시기에 지중해를 통한 교역로를 통해 서유럽으로 다시 흘러 들어갔다.

13세기경까지 과학·의학·철학뿐 아니라 역사나 지리 연구를 이끌었던 지역은 이슬람 세계이다. 8세기 중반 아바스 제국은 중국의 당 제국과 서로 교역로를 차지하기 위한 전쟁에서 승리한 뒤, 전성기를 누리고 있었다. 9세기 바그다드는 아바스 제국의 중심지였다. 이렇게 이슬람 제국이 번영하고 있던 시기에 활동한 역사가이자 지리연구자인 알-마수디(Alī al-Masūdī, 896년경~956)를 만나보자.

역사를 백과사전식으로 나열해 쓴 알-마수디

　　그는 893년 바그다드에서 태어나 956년 이집트에서 사망했다. 태어나고 사망한 곳이 다르다는 점에서도 알 수 있듯 알-마수디는 세계를 여행하면서 여러 학자와 교류하고, 여행한 지역에 대해 기록했다. 현재의 이라크, 이란, 카스피해와 흑해 사이 지역, 지중해 일부, 인도의 서북 지역, 이집트를 비롯한 아프리카 북부와 동부 연안 등을 여행하며, 보고 들은 것을 기록으로 남겼다. 그는 이슬람 세계뿐 아니라, 비잔틴 제국같이 다른 종교 지역에 관한 기록도 남겼다.

　　알-마수디는 여행하는 동안 역사 유적지도 찾아다니면서 풍부한 지식을 쌓았다. 그리스어로 된 글을 포함해 당시 남아 있던 많은 사람의 일기와 책(옛날부터 내려오는 한 집안의 가족·친족 관계나 역사를 적은 족보)을 읽고 연구했다. 그리하여 아브라함 시기부터 자신이 살던 시기까지의 역사를 썼다. 당시 가톨릭, 유대교, 이슬람교 모두에게 아브라함은 중요한 역사적 인물이었다. 알-마수디는 글에서 그리스의 역사가 헤로도토스에 대해 언급했는데, 그를 아라비아인이라고 했다. 그는 왜 헤로도토스를 아라비아인이라고 생각했을까?

안타깝게도, 알-마수디가 쓴 글 중 지금까지 남아 있는 것은 많지 않다. 그나마 남아 있는 것들 가운데 『황금의 초원과 보석 광산』이라는 책이 있다. 이 책에서 비잔틴 제국, 중국, 아프리카 동부와 북부, 인도와 실론, 중동 등의 역사와 지리적 정보를 함께 읽을 수 있다. 예언자, 고대 아라비아인, 로마인, 이란의 왕들, 이슬람 왕조, 프랑크 왕국의 왕들, 인도, 고대 세계의 여러 민족의 역사·풍습·종교·사원·유적·전설 등 많은 이야기가 담겨 있다.

오늘날에 역사가는 하나의 사건이 다른 사건과 어떻게 연결되는지, 또 어떤 영향을 미쳤는지를 쭉 연결하면서 논리적으로 쓴다. 그러나 알-마수디의 시기에는 역사를 그렇게 쓰지 않았다. 알-마수디는 사건을 연대순으로 썼지만, 이를 백과사전식으로 나열했다. 즉 사건들 사이가 어떻게 연결된다는 설명을 쓰진 않은 것이다. 그는 역사와 과학적 지리를 함께 통합해 쓴 최초의 아라비아인으로 알려져 있다. 유럽의 학자들은 그를 '아라비아의 헤로도토스'라 불렀다.

헤로도토스나 사마천, 알-마수디 모두 여러 지역을 여행한 것을 보면 역사 서술을 위해서는 직접 가서 보는 것이 중요했던 것 같다. 사실, 오늘날 우리는 다양한 매체를 통해 역사 유적지에 대해, 또 다른 지역의 역사에 대해 쉽게 알 수 있다. 그러나 이 시기에는 사진도 없고 동영상도 없었다. 오로지 글이나 그림만으로 다른 지역에 대해 알 수 있었다. 그래서 역사가들은 역사를 서술하기 위해서 직접 현장에 가봤던 것이다.

오늘날도 역사가들은 연구를 위해 직접 역사적 현장을 방문한다. 주변의 자연환경·조건 등을 보면 당시에 무슨 일이 어떻게 일어났는지, 사람들이 어떻게 살았는지를 좀 더 정확히 알 수 있기 때문이다. 역사가는 연구를 위해 필수적으로 역사적 장소를 방문한다.

앞서 9세기 중반 아라비아의 지리학자인 이븐 쿠르다드비 (Abdallah ibn Khordadbeh, 820~912)가 편찬한 지리서 『왕국과 도로 총람』에 보면 신라에 대한 이야기가 나온다. 알-마수디와 이븐 쿠르다드비의 기록을 보면, 9세기와 10세기 바그다드에 살았던 사람이 인식한 세계는 그리스의 스트라본이나 프톨레마이오스가 살았던 시기보다 더 넓었다는 것을 알 수 있다. 그들은 중국뿐 아니라 신라 등 동아시아에 대해서도 알고 있었다.

12세기에 아리비아 무슬림인 알-이드리시(Abu Abdullah Muhammad ibn al-Sharif al-Idrisi, 1100~1166년경)는 현재 이탈리아에 있었던 시칠리아 왕국에서 15년간 기독교도인 로제르 왕을 위해 세계지도를 제작했다. 무슬림 지도 제작자가 기독교인 왕의 명령을 받아 지도를 제작한 것이다. 로제르 왕은 그리스인과 아라비아인으로부터 교육을 받았다. 이 시기에 에스파냐에는 기독교 문명과 이슬람 문명이 공존했다. 로제르 왕과 알-이드리시는 15년에 걸쳐 지리학자·천문학자·화가 등을 세계 각지로 보내 자료를 수집했다. 그리고 다른 지역을 여행하고 돌아온 사람들에게 그 지역의 문화·언어·기후·종교·관습 등에 대한 정보도 수집했다. 이렇게 완성한 책이 『지평선 너머 여행을 꿈꾸는 자의 여행』으로 일명 『로제르 책』이다.

책에서는 세계를 일곱 개의 기후 지대로 구분하고 각 기후 지대에 대한 지리와 도시에 대한 설명을 제시했다. 이 책에서는 당시 사람들에게 알려져 있던 지리와 사회에 대한 지식과 알-이드리시가 여행하면서 얻은 지식을 합해서 아라비아어로 쓴 한 장

이드리시의 큰 세계지도

독일 지도 제작자가 그린 이드리시의 큰 세계지도(The Large Idrisi Map)이다. 『로제르 책』에 등장하는 지도를 다시 제작하여 1928년에 출판한 것이다.

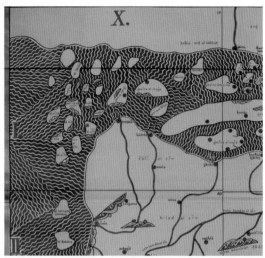

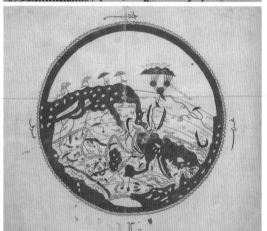

- **이드리시 세계지도의 신라(위)**
  이드리시 지도의 제1구역도 제10부분도에 여섯 개의 섬으로 된 신라를 표시했다.
- **이드리시 세계지도(아래)**
  로제르 2세의 명령에 따라 1154년에 이드리시가 편찬한 세계지도이다. 현재의 지도와 달리 남쪽을 위쪽에 두었다. 한 장에 세계의 모습을 담은 이 지도의 왼쪽 중간에 신라가 섬으로 표현되어 있다. 이드리시세계지도는 한국이 등장한 최초의 세계지도로 여겨지고 있다.

의 세계지도와 70장의 지역 세분도도 있다.

세계지도를 자세히 살펴보자. 어떤 지역이 보이는가? 중국까지 포함한 세계가 그려져 있고, 인도양과 동남아시아의 많은 섬도 표시되어 있다. 아쉽게도, 이 시기 고려가 있던 한반도는 정확하게 나타나지 않는다. 그런데 이드리시가 제작한 70개의 세분도 가운데 신라가 보이는 지도가 하나 있다. 이 지도에는 여섯 개의 작은 섬들에 신라(Sila)라고 표기되어 있다. 학자들은 이것이 우리 역사에 나오는 신라일 가능성이 있다고 주장한다. 알-이드리시는 왜 신라가 여러 개의 섬으로 이루어져 있다고 생각했을까? 그리고 그가 제작한 지도에는 왜 백제나 고구려, 또는 일본이 없을까?

에스파냐로 가서 기독교인 왕과 무슬림 지리학자를 만나 그들이 들려주는 기독교와 이슬람교가 공존했던 시기 에스파냐의 문화, 그리고 그들이 알고 있던 세계 각지에 대한 이야기를 들어보면 어떨까?

05

라시드 앗 딘과
카탈루냐 지도 제작자가 들려주는 몽골 제국 이야기

13세기에서 14세기 초 몽골의 칭기즈 칸은 아시아에 거대한 제국을 세웠다. 칭기즈 칸의 후예들은 제국을 4개의 한국, 즉 원(중국 지역)·일 한국(아라비아 지역)·킵차크 한국(러시아 지역)·차카타이 한국(중앙아시아)으로 나누어 통치했다. 13세기 말에서 14세기 초에 일 한국(이란)에 라시드 앗 딘(Rashid al-Din Hamadani)이라는 유대인이 있었다. 그는 의술을 배운 후 일 한국의 궁전에 들어가 의사가 됐다. 서른 살 정도였을 때 이슬람교로 개종했고, 가잔 칸이 일 한국을 다스리던 시기에는 칸의 신임을 받아 재상이 됐다. 그는 가잔 칸의 명령과 지원을 받아 『몽골 세계제국의 역사』를 썼다. 몽골 제국을 건설하고 통치했던 여러 왕의 일대기를 종합한 것이다. 이 역사책은 오늘날 우리나라에서『집사(集史)』라는 제목으로 번역·출간됐다.

이 책은 총 세 권으로 구성되어 있는데, 제1권『부족지』, 제2권『칭기즈 칸기(記)』, 제3권『칸의 후예들』이다. 제1권『부족지』에서는 몽골이 제국으로 성장하기 이전 여러 유목 민족에 관해 서술했다. 제2권『칭기즈 칸기』에서는 칭기즈 칸의 일생을 여섯 시기로 구분하고 설명하면서, 각 시기에 다른 지역에서 무슨 일이 일어났는지 서술했다. 제3권『칸의 후예들』은 칭기즈 칸 이후의 여러 칸에 대해 이야기했다.『집사』에는 몽골 이외에도 중국·인도·아라비아·튀르크메니스탄·유럽·유대 등 여러 민족의 역사에 관한 이야기도 있다.

라시드 앗 딘, 역사를 하나의 연결된 이야기로 쓰다

종래 그리스나 아라비아의 역사가는 자신이 알고 있는 세계의 여러 민족 이야기, 여러 곳에서 수집한 정보를 나열했다. 그러나 라시드 앗 딘은 그리스와 아라비아 역사가가 쓴 책들을 참고하면서도 이들과는 다른 방법으로 역사를 썼다. 즉 사건들을 백과사전식으로 나열하는 것이 아닌, 오늘날처럼 역사를 하나의 방

- **라시드 앗 딘이 쓴 책에 나오는 그림**
  라시드 앗 딘은 의사이자 역사가이다. 그의 대표 역사서는 페르시아어로 기록된 『연대기의 집성』(1307)
  으로 몽골·중국·인도·아랍·튀르크·유대 등 여러 종족의 역사를 집대성해놓았다.

향으로 전개되는 하나의 연결된 이야기로 쓴 것이다. 이러한 서
술 방식 때문에 어떤 학자들은 『집사』가 세계 최초의 세계사 책
이라 주장한다.

그런데 몽골 제국 시기가 꼭 번영의 시기라고 할 수 있을까?
13세기에 과학이나 철학·예술·문학·역사 면에서 가장 발달했
던 지역이 이슬람 세계가 아니었나? 몽골 제국이 정복한 이슬람
세계나 송의 경제 발전이 당대 사람들의 생활을 좀 더 풍요롭게
하고 교역을 더 활발하게 하지 않았을까? 오늘날 우리가 보는
과거와 그 시기 몽골 제국인이 보는 과거는 다를 것 같다. 그렇게

· 카탈루냐 지도첩의 일부

이 지도에는 교역로들이 상세하게 그려져 있다. 또한 시대를 막론하고 당시 사람들이 중요하게 여겼던 역
사적 인물이 그려져 있다. 마르코 폴로 일행, 이븐 바투타, 아프리카 말리 왕국에서 황금을 가득 갖고 메카
로 성지순례를 갔던 만사 무사, 알렉산드로스 대왕과 관련된 전설, 쿠빌라이 칸 등을 볼 수 있다.

거대한 영역을 통치하는 것은 몽골족이 우수해서라고 생각한 건
아닐까?

몽골 제국이 당시 어느 정도로 여러 지역에서 위세를 떨쳤는
지를 알려주는 지도가 남아 있다. 이 책의 128~129쪽에 있는 카
탈루냐지도가 바로 그것이다. 14세기 후반에 에스파냐의 마요르
카에서 프랑스의 샤를 5세의 명으로 카탈루냐 유대인 집안에서
제작한 지도첩이다. 이 지도에는 서쪽 지역이 매우 상세하게 그
려져 있지만, 동쪽은 상당히 두루뭉술하다. 아마도 잘 몰라서 이
렇게 그린 것은 아니었을까.

북아프리카 지역에는 낙타를 탄 이슬람 상인과 사막을 가로지르는 교역로가 표시되어 있다. 또 '말리 왕국의 황금왕'이라고 불리는 만사 무사가 그려져 있다. 이 지도가 제작된 14세기경 유럽인 또는 이슬람 세계 사람들이 북아프리카의 대상 교통을 중요시했다는 점, 특히 만사 무사가 많은 금을 갖고 메카를 순례했다는 점을 알고 있었다는 뜻으로 보인다.

이 지도를 그릴 때 아마도 1271~1295년까지 몽골 제국과 동남아시아 일부를 여행한 마르코 폴로의 체험담을 참고하지 않았을까? 동쪽에는 중국으로 향하는 폴로 일가의 모습이 그려져 있다. 몽골 제국의 영역이 그려져 있고, 그 가운데 칸의 도시(the city of the Great Khan, Catayo[China], 베이징)와 쿠빌라이가 세운 대운하도 표시돼 있다. 그 밑에는 폴로가 베이징을 묘사한 글, 즉 베이징이 얼마나 큰지 또 얼마나 두꺼운 성곽으로 둘러싸여 있는지 등에 대해 쓴 글이 첨가되어 있다. 폴로가 쿠빌라이 칸에 관해 쓴 글도 있다. 잠깐 살펴보자.

타타르(몽골)의 가장 강력한 왕은 쿠빌라이 칸으로서 칸 중의 칸이다. 그는 전 세계에서 가장 부유한 황제이다. 황제는 1만 2,000여 명의 기병의 호위를 받는다.

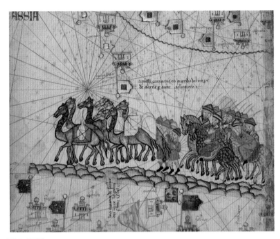

● **카탈루냐 지도의 마르코 폴로 일행**
  사람들이 중요하게 여겼던 역사적 인물들이 그려져 있는 카탈루냐 지도에 중국으로 향하는 마르코 폴로 일가의 모습이 그려져 있다.

　또 지도에는 서쪽 내륙에 카스피해가 크게 자리하고 있고, 동남쪽에는 예루살렘을 향하는 동방박사가 그려져 있다. 동방박사와 예루살렘은 기독교에서 매우 중요한 사람이고 장소이다.

　지도 남쪽으로 돌출된 큰 삼각형은 인도반도이다. 그 동쪽 바다에 큰 섬 'Jana(Java)'를 넣었는데, 아마도 수마트라섬을 그리려고 했던 것으로 보인다. 해안선 동쪽과 남쪽 바다에는 색색의 동그란 섬들이 잔뜩 그려져 있다. 이 많은 섬은 『마르코 폴로 여행기』에 여러 가지 향료가 산출되며, 그 수가 무려 7,548개에 이른다고 나와 있는 바로 그 섬들이다. 또 지도의 남동단에 그려진 큰 섬은 실론섬이다.

19세기에 율(Sir Henry Yule)이라는 스코틀랜드 학자가 「카탈루냐 지도」에서 동아시아 쪽에 '카오-리(Kao-Il)'라고 표기돼 있는 것을 발견했다. 그는 그것이 바로 한국, 고려라고 주장했다. 헨리 율은 이 지도에서는 한반도와 일본이 혼합돼 그려져 있고, 명확하게 일본(Zipangu)을 암시하는 글자나 그림도 없다고 했다. 이러한 그의 주장을 받아들이면 14세기에도 고려가 서유럽 사람들이 생각했던 지리적 세계 속에 포함돼 있다고 할 수 있다.

이러한 지도에 수마트라섬이나 동남아시아·실론섬·고려, 그리고 그 지역에 대한 정보를 써넣을 수 있었던 것은 아마도 그 시기 유럽에서 『마르코 폴로의 여행기』가 폭넓게 읽혔기 때문일 것이다. 이탈리아인인 폴로가 이렇게 먼 곳까지 여행을 하고, 또 몽골 제국에 가서 관리까지 할 수 있었던 것은 몽골 제국 사람들이 이전보다 쉽게 여행하고 교류할 수 있었기 때문이다. 교역로에 여러 작은 나라들이 있으면, 그만큼 국경도 많이 지나야 하고 도적 떼도 많이 만날 수 있다. 그런데 거대한 제국에서는 이러한 번거로움이 적어서 사람들이 여행하는 데 여러모로 안전하고 편리했다.

유럽인이 지도에 몽골 제국의 쿠빌라이 칸과 수도를 그려 넣을 정도로 몽골은 세계 역사상 유례없는 거대한 제국을 건설했다. 그러므로 라시드 앗 딘이 몽골 제국을 세계에서 가장 번영한 제국이라는 의식을 가지고 역사를 썼다는 것은 이해할 만하다. 그러나 이 제국은 오래가지 못했다. 그렇다면 어떻게 붕괴되었을까? 몽골 제국에 가서 칭기즈 칸·쿠빌라이 칸, 그리고 그의 후손 가잔 칸, 또 그 시기에 그곳을 여행했던 마르코 폴로·이븐 바두타, 역사를 서술했던 라시드 앗 딘 등을 만나보자.

06

조선과 명의 지도 제작자에게 듣는
세계지도 제작의 미스터리

14~15세기 동아시아의 중국이나 한국인은 세계의 모양을 어떻게 알고 있었을까? 아시아에 남아 있는 가장 오래된 세계지도는 1402년 조선에서 제작된 「혼일강리역대국도지도(混一疆理歷代國都之圖)」이다. 여기에 아프리카와 유럽, 아라비아반도가 표시돼 있다. 다시 돌아가 「이드리시 지도」「카탈루냐 지도」 등 이탈리아·에스파냐를 비롯한 유럽이나 아라비아 세계에서 제작한 지도들을 자세히 살펴보자. 그리고 「혼일강리역대국도지도」와 다른 점을 찾아보자.

　그 지도들에는 아프리카가 사하라 이북 지역에 한정돼 있지

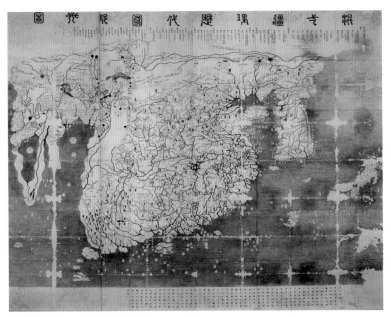

- 「혼일강리역대국도지도」(1402년)

　「혼일강리역대국도지도」는 원본은 전하지 않고, 15세기 후반에 필사된 사본들만 전해지고 있다.

만, 「혼일강리역대국도지도」에는 아프리카 대륙 전체가 나온다. 물론 아프리카의 크기는 지나치게 작게 그려져 있다. 이 지도는 바스쿠 다 가마(Vasco da Gama)가 1497년에 리스본을 떠나, 아프리카의 희망봉을 돌아 1498년 인도에 도착하기 전에 그려진 것이다.

　「혼일강리역대국도지도」에는 중국 명에서 제작된 「성교광피도(聖教廣被圖)」와 「혼일강리도(混一彊理圖)」를 참고하고, 최신의

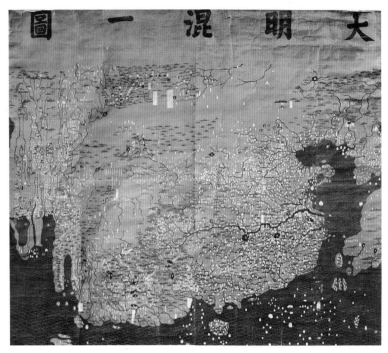

• 「내명혼일도」

명나라에서 14세기 말 제작된 것으로 추정되는 「대명혼일도(大明混一圖)」. 원본은 남아 있지 않으며, 아프리카가 표시되어 있다.

조선 지도와 일본 지도를 결합하여 제작했다고 기록돼 있다. 「성교광피도」는 중국 이외의 지역에 대해, 「혼일강리도」는 중국에 대해 자세히 수록된 지도이다. 「성교광피도」는 남아 있지 않기 때문에 구체적인 모습을 알 수 없지만, 아마도 몽골 제국 시기에 이슬람 지도학의 영향을 받아 제작된 지도일 것이다.

다른 한편, 명 초기인 1389~1391년 사이에 제작된 것으로 추정되는 「대명혼일도(大明混一圖)」에는 아프리카가 보인다. 14세기 후반 중국과 15세기 초 한국에서 제작된 세계지도에 아프리카가 온전히 그려져 있다는 것은 어떤 의미일까? 이 시기 이슬람 세계 사람들이 아프리카에 대해 알았다는 증거가 될 수도 있겠다.

명 시기 정화가 황제의 명을 받고 함대를 거느리고, 동남아시아·인도·실론·아프리카 동부 연안으로 원정을 떠났다. 이들이 원정을 떠난 때는 1405년으로, 「혼일강리역대국도지도」가 그려진 이후이다. 정화가 원정을 떠나기 전에 이미 동아시아인은 바다를 돌아서 아프리카 서안을 가는 방법을 알았다는 것이다. 그런데 왜 동아시아인은 아프리카 서안까지 탐험한 기록은 없을까? 탐험을 하지 않은 것일까?

송나라 때 그린 지도인 「화이도(華夷圖)」는 송나라를 크게 벗어나지 않고 세계를 그렸다. 다른 지역에는 관심이 없었기 때문이다. 그런데 14세기와 15세기에 명과 조선은 왜 아시아를 넘어 다른 지역에까지 관심을 두고 세계지도를 그렸을까?

몽골이 세계 제국을 건설하고, 이 시기 여러 지역 사람들이 서로 왕래했기 때문에 세계지도에 유럽과 아프리카까지 포함한 것으로 보인다. 조선 초에는 몽골 제국의 유산이 그대로 남아서 세계지도에 유럽과 아프리카를 함께 그렸다. 그러나 이후 조선에서 제작한 지도에는 유럽과 아프리카가 나타나지 않는다. 16세기 초 마테오 리치가 제작한 세계지도가 나타나기 전까지 명과 조선의 지도에는 명과 주변 지역만 그렸다. 명과 조선이 몽골의 유산을 청산하면서 다시 중화사상에 기초한 지도를 제작한 것이다.

최초의 아메리카 발견자는 콜럼버스인가 정화인가

또 다른 지도 한 장을 보자. 2001년에 중국 상하이에서 발견된 지도 한 장은 많은 사람들을 놀라게 했다. 몇몇 학자들은 이 지도를 보고 15세기 초 콜럼버스보다 먼저 명의 정화가 아메리카를 발견했다고 주장했다. 정말 그럴까?

중국의 변호사 류강은 2001년 상하이로 출장을 갔다가 「천하전여총도(天下全與總圖)」라고 적힌 옛 지도를 골동품 가게에서 샀다. 지도에는 "건륭 계미년 중추월에 명의 영락 16년에 간행된 「천하제번식공도(天下諸番識貢圖)」를 모사했습니다. 신 막역동이 그렸습니다"라고 씌어 있었다. 이 문구에 따르면, 1418년에 그려진 지도를 1763년에 막역동이라는 신하가 베껴 그렸다는 뜻이다. 그 지도를 한번 살펴보자. 아메리카가 보이는가?

그렇다. 아메리카가 있다. 콜럼버스가 아메리카의 서인도제도

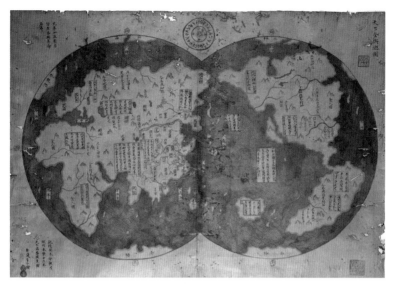

- **「천하제번식공도」를 모사했다는 「천하전여총도」**
  1418년에 제작되었다는 「천하제번식공도」를 1763년에 모사했다고 한다.

에 도착한 때가 1492년이다. 그리고 이후 마젤란 선단이 세계 일
주를 하고 아메리카 남단을 돌아서 태평양과 인도양을 거쳐 유
럽으로 돌아간 것이 1519년이다. 어떻게 된 일일까?

영국의 해군 장교 출신 아마추어 역사 연구가 멘지스(Gavin
Menzies)는 이 지도를 본 후, 세계 각지를 돌아다니면서 세계의 여
러 지도와 비교했다. 그리고 정화가 항해 과정에서 아프리카를
발견했을 것이라고 주장했다. 그런데 이 지도를 본 전문 역사가
들은 이것이 위조품이라고 주장했다. 지도에서 캘리포니아가 섬

으로 표시되었는데, 이는 17세기 프랑스의 세계지도에 나타나는 오류와 비슷하다는 것이다. 즉 17세기 지도를 베꼈다는 것이다. 또 전문 학자들은 정화의 함대가 아프리카 동부까지 갔다는 증거는 있지만, 거기서 더 나아갔다는 증거가 전혀 없다고 주장한다. 여러분의 생각은 어떠한가?

정화가 먼저 아메리카를 발견했다 하더라도, 결국 그 지역을 역사적으로 중요하게 만든 사람들이 누구인가를 생각해보아야 한다. 예컨대, 바이킹이 콜럼버스보다 훨씬 앞서서 아메리카 대륙을 오가며 활동했다는 점은 오늘날 널리 알려진 사실이다. 또한 말리에 전해 내려오는 만사 무사의 이야기를 들어보면 아프리카인이 아메리카에 유럽인보다 먼저 들어갔을 가능성도 있다. 그러나 이들보다 먼저 이미 현재 아메리카 원주민이라고 불리는 사람들이 들어가 살고 있었다.

최초가 누구냐 라는 질문도 때로는 중요하다. 그러나 그것보다 누가 인류의 역사를 의미 있게 만들었느냐 라는 질문이 세계사에서는 훨씬 더 중요하다.

17세기 유럽인, 명나라 사람, 조선 사람에게 '세계'가 어떤 곳인지 물어보자

콜럼버스가 아메리카 대륙에 도착하고, 마젤란이 세계를 일주한 이후 제작된 세계지도에는 아메리카 대륙만이 아니라 호주·남극 등이 포함돼 있다. 사람들의 세계 지리에 대한 인식이 변하기 시작한 것이다. 사람들의 세계 인식을 바꾸는 데 중요한 역할을 한 것은 세계지도와 세계 여러 지역에 대한 상세한 정보였다.

유럽 예수회 선교사들이 아메리카·아시아로 파견되고, 이전보다 많은 상인이 인도양·대서양·태평양을 오가게 됐다. 또 많은 유럽인이 아시아와 아메리카 지역에 이주해 들어갔다. 이런 교역과 이주의 과정에서 각 지역에 관한 정보와 문물이 활발히 교환됐다. 특히 유럽의 선교사와 외교관은 유럽의 과학적 지식이나 종교를 동아시아·서아시아와 아메리카에 전파했고, 반대로 아시아와 아메리카에 대한 정보를 유럽에 전달했다. 유럽의 선교사와 외교관을 통해 교환된 많은 정보는 세계를 보는 사람들의 눈을 달라지게 했다.

그런데 많은 유럽인이 동쪽으로 와서 교류한 반면, 왜 아시아 여러 지역의 사람들은 유럽에 가서 유럽에 대해 알아보려고 하지 않았을까? 이런 질문을 중국인과 조선인에게 해보자.

아무도 주목하지 않았던 「곤여만국전도」

16세기에 이탈리아 신부인 마테오 리치(Matteo Ricci)가 명에 예수회 선교사로 들어왔다. 그는 오늘과 거의 비슷한 세계지도인 「곤여만국전도(坤輿萬國全圖)」를 제작해서 명과 청, 조선에 세계를 대해 알렸다. 그는 『포르투갈어-중국어 사전』을 편찬했고, 「중국어판 십계명」을 인쇄하여 사람들이 읽을 수 있게 했다. 그가 펴낸 『천주실의(天主實義)』는 조선에도 들어와 조선에 천주교가 전파되는 데 중요한 역할을 했다.

마테오 리치는 1602년에 「곤여만국전도」를 목판으로 제작했다. 이 지도는 선조 때(1603) 조선에 소개됐고, 조선 정부에서는

「곤여만국전도」
1602년 천주교 신부인 마테오 리치가 북경에서 목판으로 제작한 세계 지도를 조선에서 다시 그렸다.

이를 베껴 그리기도 했다. 그러나 이후 거의 100년 가까이 조선 사람들은 이 지도에 크게 주목하지 않았다. 즉 그 지도는 17세기 초 조선 사람의 세계 인식을 변화시키는 데 큰 역할을 하지 못했던 것으로 보인다. 조선 조정이나 지식인에겐 여전히 중국이 세계의 중심이었고, 다른 지역에 대해선 잘 알지 못했을 뿐 아니라 관심도 없었던 것 같다.

오히려 명(1368~1644)이 망하고 청(1616~1912)이 들어서면서, 그리고 조선이 병자호란(1636)을 겪으면서, 조선에서는 조선만이 명을 대신할 수 있는 문명국이며 청은 오랑캐에 불과하다는 의식이 성장한다(조선중화주의). 그리하여 청으로부터 새로운 문물을 받아들이려 하지 않았다.

그런데 병자호란 이후 조선인 외교 사절단(이들을 연행사라고 한다)이 청에 가면서 청의 발달된 문물과 유럽의 문물을 보게 된다. 또 병자호란 이후 청에 볼모로 끌려갔던 소현세자 일행이 조선에 망원경이나 자명종 등 유럽의 문물을 가져왔다. 이 시기에 천주교도 들어왔다.

이렇게 청의 발달된 문물을 보면서 조선의 일부 학자들은 청이 오랑캐라는 생각을 버리고, 오히려 청의 발달된 문물을 참고해 조선을 발달시켜야 한다고 주장했다. 이들은 청나라에 대한 지식을 북학(北學)이라 하고, 유럽에 대한 지식을 서학(西學)이라고 하면서 공부했다.

청나라를 통해 유럽의 문물에 관해 알게 되면서, 1708년 숙종 때 조선 정부가 「곤여만국전도」를 베껴서 다시 목판으로 제작했다. 그럼에도 19세기 말까지 청이나 조선의 지배층은 여전히 명이나 청이 세계의 최고 문명국이며, 세계의 중심이라는 사상, 즉 중화사상에서 벗어나지는 못했다. 지도 한 장으로 하루아침에 세계관이 변할 수 있는 것은 아니기 때문이다. 그렇다면 19세기 말 조선 지배층의 세계관은 어떻게 급격하게 변하게 되었을까? 이 질문에 대답하려면 그 시기 동아시아에서 일어난 여러 사건들을 조선 지배층이 어떻게 이해했는지, 또 조선에 어떤 정보와 지식이 들어왔는지 살펴봐야 할 것이다.

17세기 서아시아의 절대 강국이었던 오스만 제국도 유럽 여러 나라가 아프리카를 돌아 인도에 가고 중국에서 무역을 하며 아메리카에 식민지를 건설했다는 정보를 알고 있었다. 그러나 오스만 제국도 여전히 유럽 여러 나라보다 자기 나라가 더 큰 나라이며 세계의 중심이라고 생각했다. 세계지도 속의 세계가 넓어지고 자국의 영토는 생각보다 작아졌지만, 자국의 세력까지 줄어들었다고 생각하지는 않았다.

사실 17세기~18세기 초에 이르기까지 유럽 열강은 예수회 선교사와 외교관을 통해 청나라를 비롯한 다른 지역에 대해 알게 됐다. 이때까지만 해도 유럽의 지식인은 중국이나 오스만 제국이 세계에서 가장 발전한 문명국 가운데 하나라고 생각했다. 귀족들은 중국이나 오스만 제국의 문화를 이국적이고 세련된 문화라고 생각하면서 중국이나 오스만 제국의 문화를 모방하기도 했다. 그리고 유럽의 계몽 사상가들은 중국을 연구하면서, 신이 아닌 인간의 이성이 지배하는 사회·국가·제도 등에 대해 고민하기도 했다.

17세기·18세기 중국인과 오스만 제국의 지식인에게 물어보자. 그 시기 유럽에 대해 무엇을 알고 있었는가? 많은 유럽인이 무역을 하러 오고, 또 이들이 새롭게 가져온 문물을 보며 어떤 생각을 했는가?

19세기에 세계는 급격히 변했다. 이 시기에 서유럽 열강은 무력을 사용해 여러 지역을 식민지로 만들었다. 그러면서 유럽인의 세계관도 변했고, 중국이나 아시아의 다른 민족을 보는 시각도 달라졌다. 18세기까지 아시아인의 시각에서 보면, 유럽은 지구 저쪽 구석에서 선진 문물을 찾아오는 상인들이 사는 곳이었다. 중심은 아시아의 여러 제국이었고 유럽은 변두리였다.

역사에서 '만약'이란 말은 잘 사용하지 않는다. 해봤자 소용없는 과거의 일이기 때문이다. 그럼에도 질문해보자. 만약 18세기까지 아시아 여러 지역 사람들이 넓어진 세계를 보면서, 세계가 어떻게 변하는지, 또 유럽인이 어떤 사람인지 좀 더 자세히 알아보려고 했다면 어떤 일이 일어났을까? 이 질문은 과거에 던지는 질문이 아니라, 오늘날 우리에게 던지는 질문이다. 오늘날 세계도 급격하게 변하고 있다. 여러분은 지금 세계가 어떻게 변하는지 관심 있게 보고 있는가?

지도에 담긴 사람들의 사상과 믿음

오늘날 우리가 보는 세계지도에는 아래와 같이 태평양이 한가운데 있다.

그런데 호주에서 사용하는 세계지도에는 다음과 같이 호주가 가운데에 위치해 있다.

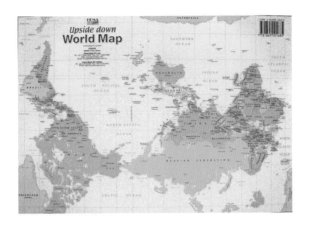

　그렇다면 영국을 비롯한 유럽 여러 나라가 사용하는 세계지도는 어떨까? 아마도 여러분이 상상한 대로 유럽이 지도의 가운데 있을 것이다.

　과거로 돌아가보자. 앞서 살펴본 13~14세기 유럽이나 이슬람 세계에서 만든 지도에는 예루살렘이나 메카가 지도의 한가운데 있다. 중국의 명나라에서 만든 지도에는 중국이 가장 크게, 중앙에 위치해 있다. 이러한 지도들을 통해 무엇을 알 수 있을까?

　지도에도 사람들의 사상이나 믿음이 담겨 있다. 지도를 보면서 지도에 담겨 있는 사람들의 생각도 읽어보자. 그리고 오늘날 우리가 보는 지도에는 나라와 바다의 크기가 실제와 다르다는 점도 염두에 두자.

연대 측정을 통해 유물·유적 더 깊이 알아보기

과거의 지도나 책 가운데 언제 제작되었는지 기록이 남아있는 경우도 있지만 그렇지 않은 경우도 있다. 기록이 없는 경우에는 유물이나 유적이 언제 제작된 것인지 누가 만들었는지 어떻게 알 수 있을까?

옛날에는 그저 전문가들이 전문 지식을 활용해서 제작된 시기를 판별했다. 그런데 요즘은 과학기술의 발달로 인해 과학의 도움을 받기도 한다.

유물의 연대를 측정하는 방법으로 가장 널리 사용되는 것은 '방사성 탄소 연대 측정법'이다. 식물이나 동물의 유기체 속에 포함돼 있는 방사성 탄소는 생명체가 생명을 잃는 순간부터 점차 줄어든다. 그 줄어드는 비율은 5,730년이 지나면 2분의 1이 되고, 또다시 5,730년이 지나면 4분의 1로 줄어든다. 이런 원리를 이용해 유물의 남아 있는 방사성 탄소의 양을 측정하면 연대를 계산할 수 있다.

그러나 방사성 탄소 연대 측정법만으로 유물이나 유적에 대해 알 수 있는 것은 아니다. 어떤 유물의 연대를 안다고 해서 그 유물에 대해 모두 아는 것은 아니기 때문이다. 신라의 황남대총에서 발견된 유리잔이 로만 글라스라는 점을 알기 위해서는 그 시기 독특한 로만 글라스 제조법에 대한 지식이 있어야 한다. 과거의 미스터리를 해결하려면 과학의 힘도 인문학이나 사회과학의 지식도 필요하다.

●

오늘날 인류는 이전보다 진보했는가? 진보인가 아닌가를 판단할 수 있는 기준은 무엇인가? 진보하면 인류는 더 행복해질 수 있는가? 여러분은 인류 역사가 어떤 방향으로 진행되고 있다고 생각하는가? 세계사가들은 역사가 어떤 방향으로 흐른다고 생각할까? 세계사가들마다 들려주는 인류역사는 어떻게 다르고 또 비슷할까? 세계사가들이 쓴 인류역사를 읽으면서 그들이 생각한 진보의 기준은 무엇일지 생각해보자.

●

제4장

오늘날 세계사가들과의 토론

01

헤겔이 말하는 역사의 방향

19세기 초 독일에 헤겔(Georg Wilhelm Friedrich Hegel)이란 철학자가 있었다. 그는 세계 역사는 세계정신이 자신을 전개해가는 과정이며, 한 민족의 역사는 민족정신이 자신을 전개해가는 과정이라고 했다. 어렵다. 도대체 무슨 말일까? 헤겔에 따르면, 세계정신이 목적으로 삼는 것은 자유 인식이다. 더 어렵다.

단순하게 설명해보면, 헤겔은 역사는 자유 인식의 발달 과정이라고 생각했다. 좀 더 쉽게 말하자면, 역사는 '자유'를 인식하고 누리는 사람들이 많아지는 과정이고, 자유를 누리는 사람이 많아지면 그것이 진보라고 생각했다. 인간의 역사는 자유를 위

• **프리드리히 헤겔**
  야코프 슐레징거가 1831년에 그린 헤겔의 초상. 헤겔은 "세계사는 세계정신이 자신을 전개해가는 과정
  이며, 한 민족의 역사는 민족정신이 자신을 전개해가는 과정이다"라는 말을 남겼다.

한 투쟁의 역사라고 생각한 것이다.

헤겔은 자유라는 개념이 어떻게 생겨났다고 말했을까? 헤겔
의 역사관에 따르면, 역사가 시작된 이집트나 메소포타미아의
문명 시기에는 왕이 절대적인 권력을 가지고 사람들을 다스렸
다. 이렇게 왕이 다스릴 때는 오로지 왕만 자유로웠다. 왕을 제외
한 모든 사람이 왕 아래서 자유를 누리지 못한 채 왕에게 종속되
어 무조건 복종해야 했다.

그런데 고대 그리스와 로마에서는 왕만 있는 게 아니었다. 귀

제4장 오늘날 세계사가들과의 토론

족이 있었고, 소수였지만 자유를 누리는 평민이 있었다. 그러나 그 밑에는 자유가 없는 노예가 많이 있어서 귀족들은 그들을 마음대로 부리면서 자유를 누렸다. 그리고 헤겔이 살았던 시대가 되어서야 비로소 모든 인간이 자유롭다고 생각하게 됐다.

헤겔은 '자유'라는 개념은 로마 제국을 건설하고 서유럽에서 문화를 발전시킨 게르만족이 생각해낸 것이며, 중세 서유럽에서 그 개념이 유지됐고, 근대 서유럽에서 한 단계 발전했다고 주장했다. 그는 다른 민족에게는 '자유'라는 개념이 없었다고 말했다. 헤겔은 자유의 개념을 서유럽인만 생각해냈으므로 서유럽인의 역사가 인류 역사를 대표한다고 주장했다.

'자유' 개념 생각해낸 서유럽인이 인류 역사의 대표

지금까지 헤겔의 역사관을 매우 단순화해서 설명한 것이다. 사실, 헤겔 역사관은 매우 철학적이며, 오늘날까지 많은 사람들이 헤겔 철학을 참고하면서 인간과 사회에 관해 설명한다. 그러므로 헤겔의 철학에 대해 제대로 알려면 다른 책을 좀 더 봐야 할 것이다.

18세기와 19세기 헤겔 이외에도 유럽의 사상가·철학자·역사가는 모두 서유럽의 역사가 인류 역사를 대표한다고 생각했다.

다른 지역에는 자유의 개념이 없었으니 당연히 역사도 없다고 생각했다. 이런 생각은 19세기 말까지 이어졌다. 19세기에 세계사나 보편사를 쓴 저자들은 동아시아·서아시아·아프리카·아메리카·동남아시아 그 어느 지역에도 역사적 발전이 이뤄졌다고 생각하지 않았다. 따라서 이들은 인류 역사를 서술할 때, 그 지역에 대해서는 쓰지 않고 유럽의 역사만 썼다.

제4장 오늘날 세계사가들과의 토론

02

스펜서가 말하는 가장 진화한 사회

"인류의 여러 인종 가운데 백인종만이 문명을 이루었으므로 백인
의 역사가 곧 인류 역사를 대표한다."

이 말은 19세기 말에 미국의 스윈턴(William O. Swinton)이 『세계
사』 책의 「서문」에 쓴 문구이다. 이 책은 미국의 중·고등학교에
서 사용됐다. 그는 어떻게 백인의 역사만 인류 역사라고 보았을
까? 스윈턴은 세계사란 '문명화된 나라들의 이야기'라고 했다.
인류 역사가 오리엔트 지역(메소포타미아 문명이 탄생한 지역)과 동부
지중해 연안의 초기 문명·이집트의 문명·그리스-로마의 고대

문명을 거쳐 서유럽의 중세와 근대 문명으로 발달했다고 주장했다. 그러니까 문명을 이루지 못했다고 생각한 다른 지역 민족들의 이야기는 세계사에 포함하지 않는 것이다.

이처럼 세계사를 백인의 역사로 정의해버리면, 세계사에서는 백인이 살아왔던 지역의 역사와 백인이 창조했던 문명에 관해서만 쓰게 된다. 스윈턴의 세계사관은 19세기 '인종학'과 '민족지학'에서 나온 이론에 바탕을 둔 것이다. 인종학에서는 세계 인종들의 특성에 대해, 민족지학에서는 민족들의 서로 다른 특징에 대해 연구했다.

백인만 역사가 있고 다른 인종에게는 역사가 없다?

요즘은 인종학이라는 학문도 없다. 비과학적인 인종학을 서론하는 것 자체가 인종차별적이라고 비판한다. 그러나 19세기까지만 하더라도 인종학은 많은 사람에게 과학으로 받아들여졌다. 인종학과 이에 기초한 세계사 서술은 19세기 말 서구의 제국주의 팽창을 역사적 배경으로 한다. 이런 역사 서술에서는 백인 우월적인 역사 인식을 볼 수 있다.

이 시기 유럽의 제국주의자는 백인이 다른 지역 사람들에게 문명을 가르쳐야 한다고 주장했다. 이때 문명은 유럽의 문화이

- 「백인의 짐」
  백인우월주의를 지지했던 영국 화가 빅터 길럼(Victor Gillam)이 그린 그림(1899).

다. 그리고 아시아나 아프리카인에게 문명을 가르치는 것은 '백
인이 짊어져야 할 짐'이라고 주장했다. 그러나 이런 백인우월주
의를 비판했던 백인도 있다. 19세기에 백인우월주의 인식을 가
졌던 사람들은 인종적 편견에 기초해 인류사를 서술했다. 그러나
20세기에 이르러 이런 표현은 완전히 사라졌다. 그것이 과학적
으로 근거 없는 주장이라는 인식이 확산됐기 때문이다.

　19세기 말 20세기 초 유럽의 역사가 인류사를 대표한다고 했
던 역사관이 발달한 데는 여러 요인이 작용했다. 그 가운데 몇 가

지를 살펴보자. 사상은 대체로 시대적 산물이다. 그 시대의 사회나 인간의 문제들에 대해 사유한 결과로 나타나는 것이 사상이기 때문이다. 18세기와 19세기 계몽사상의 영향도 컸다. 여기에 19세기와 20세기 초에는 제국주의와 사회진화론의 영향이 더해졌다.

앞서 말한 대로 17세기경이나 18세기 초까지만 하더라도 유럽의 귀족과 사상가들은 중국의 청이나 서아시아의 오스만 제국이 매우 앞선 문명국이며, 군사적으로 강국이라고 생각했다. 그런데 점점 청이나 오스만 제국이 그들이 생각한 것만큼 강하지 않다고 생각하게 됐다. 유럽인이 세계 여러 곳에 나가면서 그 지역들의 문화가 유럽과 다른 것을 '다름'으로 인식하지 않고, 발달하지 못한 것, 진보하지 못한 것으로 평가하기 시작했다. 즉 오로지 백인인 유럽인만이 문명을 발달시킬 수 있는 능력이 있다고 생각했다. 이런 유럽인의 생각에 영향을 미친 사상 가운데 하나가 19세기 영국의 철학자 스펜서(Herbert Spencer)가 주장한 사회진화론이다.

사회진화론으로 인간 사회 발달을 설명한 스펜서

스펜서는 다윈(Charlse Darwin)의 생물진화론을 사회변동을 설

제4장 오늘날 세계사가들과의 토론

명하는 데 적용했다. 다윈은 오랜 옛날에 있던 동물이나 식물이 어떻게 변했는가, 어떤 것은 왜 사라졌느냐는 질문을 하며 여러 자료를 모아 연구했다. 그리고 다윈은 자연선택(自然選擇)의 법칙을 발견했다. 다윈의 이론은 절대 간단하지 않다. 그럼에도 간단히 말하자면, 자연에서 살기 가장 적합한 생명체(適者), 생존하기 가장 좋은 생명체가 살아남아 자신의 유전자를 다음 세대에 전달한다고 한다. 이로써 시간이 오래 흘러도 결국 살아남게 된다는 것이다.

그러니까 자연에 적합한 것만 살아남고, 자연에 적합하지 못한 것은 살아남지 못한다는 의미이다. 이런 과정을 거쳐 생물이 단순하고 동질적인 것에서 복잡하고 이질적인 것으로 발전해간다고 주장했다.

예를 들어 고생대의 식물 중에 고사리처럼 아직 우리가 볼 수 있는 식물이 있는가 하면, 지금은 지구 위에서 사라진 식물이 있다. 또 태초에는 단세포 생명체만 있었는데, 갈수록 다세포에 복잡한 생명체가 생겨나게 됐다. 인류는 가장 나중에 만들어진 생명체 가운데 하나이다. 사라진 것은 자연에 적합하지 못해서 결국 살아남지 못했고, 살아남은 것은 적합해서 살아남았다는 것이다.

스펜서는 다윈의 자연선택이라는 용어를 자연도태(自然淘汰)와 적자생존(適者生存)이란 용어로 바꿔서 인간 사회를 설명했다. 이는 자연에 적합하지 못한 것은 도태되고(부적당한 것은 줄어들거나 사라진다) 적합한 것만 생존한다는 의미이다. 스펜서는 인간 사회도 생물계와 같은 과정을 거쳐 발달한다고 여겼다. 그러니까 단순한 상태에 있는 인간 사회는 발달하지 못한 사회이고, 복잡한 사회는 발달한 사회라는 것이다.

이런 사회진화론을 받아들여 많은 사람이 유럽이 가장 발달한 사회이고, 유럽인만이 진보를 이룰 수 있는 능력이 있는 민족이며, 다른 지역 사람들은 유럽 사회를 모방해야만 발달할 수 있다고 주장했다. 사회진화론은 19세기 유럽과 미국 등의 역사 서술에도 고스란히 반영됐다.

헤겔의 역사관이나 사회진화론적 역사관을 '단선적(單線的) 역사관'이라고 한다. 단선이란 말 그대로 '하나의 선'을 의미한다. 모든 문명이 똑같은 역사적 발전 단계를 거쳐 똑같은 길을 따라 발전한다는 역사관이다. 이런 역사관에서는 유럽의 역사적 발전 단계를 인류 보편적 역사 발전 과정이라고 하면서 역사를 쓴다. 즉 모든 지역의 역사는 유럽과 같은 발전 과정을 거치게 된다는 것이다. 또 모든 사회가 궁극적으로 유럽화의 과정을 걷는다고 설명한다.

최근에 많은 학자들이 이런 단선적 역사 서술을 비판한다. 여러 사회가 비슷한 발전을 이루기도 하지만, 서로 다른 과정을 거쳐서 서로 다른 길을 따라 발전했다고 보기 때문이다. 그리고 인류 역사의 발달과정을 복선, 또는 여러 굴곡이 있는 선들로 표현한다.

또한 어떤 학자들은 역사를 '역사'라는 단수로 표현하지 말고 '역사들', 즉 복수로 표현해야 한다고 주장한다. 그래야 여러 민족들이 어떻게 오늘날에 이르게 되었는가에 대한 설명을 그 민족들의 시각에서 할 수 있다고 생각하기 때문이다.

인류로서 공통적으로 경험한 사건들도 있지만, 민족이나 집단마다 서로 다른 경험을 하기도 하면서 오늘날 우리가 사는 이 세계에 이르렀다. 여러분은 역사의 발전 과정을 어떤 선으로 또는 어떤 그림으로 표현하고 싶은가?

03

슈펭글러와 토인비가 말하는 인류의 문명

19세기 영국은 세계 곳곳에 식민지를 두고 있었다. 그런 까닭에, 영국 사람들은 '해가 지지 않는 나라'라고 불렀다. 실제 영국 본토에서 해가 져도 영국의 다른 식민지에서는 해가 떠 있었으니 지리적으로 가능한 주장이다. 또한 가장 '위대한 나라'라는 은유적 표현이기도 했다. 19세기 영국·프랑스·독일 등 서유럽 여러 나라는 세계 곳곳에 식민지를 개척하고 세계 패권을 차지하기 위해 경쟁했다.

그런데 제1차 세계대전(1914~1918)으로 유럽은 폐허가 됐으며, 경제적 위기를 맞이하게 됐다. 세계대전에는 영국·프랑스·러시아를 중심으로 한 연합군과 독일과 오스트리아를 중심으로 한 동맹국이 싸웠다. 이 전쟁은 각 나라의 아프리카 식민지에서도 이루어졌으므로 세계대전이라고 부른다. 그런데 주된 전쟁터가 유럽이었기 때문에 유럽 여러 나라의 생산 시설이 파괴됐고, 농토는 황폐해졌으며, 많은 사람이 다치고 죽어서 노동력도 부족해졌다.

제1차 세계대전 이후 미국은 유럽 여러 나라의 경제 재건을 돕기 시작했다. 이제 세계 여러 나라를 좌지우지할 수 있는 패권이 미국에 넘어가고 있었다. 그런데 여기에 러시아·중국·일본까지도 다른 백인 국가들과 어깨를 나란히 한 채 국제회의에서 발언권을 갖게 되었다. 제1차 세계대전에 중국과 일본이 뒤늦게 연합군에 참전하여 승전했기 때문이다.

그동안 유럽인과 미국인은 세계 여러 나라가 유럽의 발전을 모방할 것이고, 그럼으로써 세계는 차츰 유럽화될 것으로 생각했다. 그리고 그것이 곧 '진보'의 방향이라고 확신했다. 그런데 그동안 '문명국'의 범위에 속하지 않는다고 믿었던 중국과 일본이 국제무대에 등장했다. 이것은 유럽인에게 매우 충격적인 일이었다. 사실, 백인의 충격은 1904년 황인 일본이 백인 러시아와의 전쟁에서 승리했다는 것에서 시작됐다.

슈펭글러·토인비가 말하는 세계사

그런데 제1차 세계대전 이후 유럽의 지식인 사이에는 서유럽 문명이 이제 몰락의 길로 들어섰다는 인식이 확산됐다. 이런 인식에서 독일의 슈펭글러(Oswald Spengler)와 영국의 토인비(Anold Toynbee)가 세계사를 여러 문명의 역사로 서술했다. 슈펭글러는 『서양의 몰락(Der Untergang des Abendlandes)』이라는 책에서 문명이 인간처럼 태어나고 성장하고 늙고 사라진다고 주장했다. 그리고 여러 문명의 역사에서 유사한 발전 과정을 찾아볼 수 있다고 생각하고 여러 문명을 정치·경제·종교·예술 등의 측면에서 비교했다.

토인비는 오스만 제국 등의 역사를 연구하면서 문명이 만들어지고 발전하고 쇠퇴한다는 원리를 깨달았다. 고도로 발전한 문명(고등 문명)이 아직 발전하지 못한 단계에 있는 문명(미개 문명)에 도전하면, 미개 문명이 응전하면서 발전한다고 주장하기도 했다. 토인비는 『역사의 연구(The Study of History)』라는 책을 썼다. 여기서 그는 세계 역사상 26개의 문명이 각각 성장하고 발전하고 쇠망하는 경로를 거쳤다고 주장했다. 그는 유럽 문명만이 아니라, 이슬람 문화권과 불교 문화권에 있는 문명도 다뤘다.

슈펭글러와 토인비는 세계사를 여러 '문명'이 형성되고 몰락하는 과정으로 서술했다. 즉 이들은 역사가 순환한다고 본 것이다. 그러나 순환사관은 유럽인에게는 좀처럼 받아들여지지 않았다. 역사는 여전히 하나의 선으로 진보한다는 믿음이 강했기 때문이고, 세계가 여전히 유럽화하고 있다고 봤기 때문이다. 그러나 슈펭글러나 토인비의 문명 단위 역사 서술은 이후 역사가에게 영향을 미쳤다.

1939년 또다시 유럽에서 전쟁이 시작됐다. 이때 영국·프랑스 등이 한 편이 됐고, 독일·이탈리아 등이 다른 한 편이 되어 싸웠다. 여기에 나중에 일본이 독일과 한 편이 되어 영국·프랑스를 지원하던 미국을 공격했다. 유럽에서 시작된 전쟁이 다시 세계대전으로 커진 것이다. 이 전쟁을 제2차 세계대전(1939~1945)이라고 부른다.

1945년 제2차 세계대전이 끝난 후, 그동안 식민지로 있던 많은 나라가 독립했다. 서유럽 국가의 국민들은 몰락의 위기를 느꼈다. 여기에 소련에서 1917년 사회주의 혁명이 일어나고, 사회주의 이념이 전 세계에 확산했다. 당시 자본주의 경제 체제가 발달하면서 빈부 격차가 심해지는 것에 대해 비판적인 사람들이 사회주의 이념에 동의했고, 사회주의 혁명을 일으키고자 했다. 제2차 세계대전 과정에서 동유럽의 여러 나라와 중국도 사회주의 체제를 받아들였다.

1960년대 이후에는 세계가 이념적으로 크게 세 개의 지역으로 구분됐다. 서유럽과 미국 중심의 자본주의(민주주의) 세계, 그리고 소련 중심의 공산주의(사회주의) 세계, 그 어느 편에도 서지 않겠다고 선언한 제3세계이다. 특히 제2차 세계대전 이후 사회주의 진영과 자본주의 진영 간의 정치·외교·이념적 갈등을 '냉전(戰冷)'이라고 부른다.

더 이상 서유럽 역사가 인류 역사를 대표하지 않는다

1960년대 이후 미국에선 아시아와 아프리카의 여러 지역에 관한 연구가 활발히 진행돼 그 지역들에 대한 지식이 늘어났다. 1980년대와 1990년대에는 미국에서 서유럽 이외의 다양한 지역에 대한 지식이 폭발적으로 증가했다. 유럽 이외의 지역을 연구하는 역사가들은 때로 아시아와 아프리카에서 창조된 문화나 기술이 오늘날 세계를 만드는 데 결정적으로 공헌했다고 주장했다. 또 아시아·아프리카 등의 지역에서 일어난 사건이 서유럽에서 일어난 사건보다 세계사적 관점에서 더 중요한 영향을 미쳤다는 것도 밝혔다. 이렇게 유럽 이외의 지역에 대한 연구가 심화되면서 서유럽 역사가 곧 인류 역사를 대표한다는 인식이 깨지

- **아널드 토인비**
  영국의 역사가이자 문명 비평가이다. 역작인 『역사의 연구』에서 독자적인 문명사관을 제시한 것으로 잘
  알려져 있다.

게 됐다.

　학자들은 유럽문명과 같은 특정한 하나의 문명의 경험을 인류
전체의 경험으로 서술할 수 없다고 생각하게 됐다. 이들은 특정
한 문명의 전개 과정을 가지고 인류의 진보 과정을 설명할 수 없
다고 주장하고, 인류의 경험을 포괄할 수 있는 역사 서술을 위해
세계사의 관점을 다시 세워야 한다고도 했다. 모든 인류 역사가
똑같은 발전 단계를 거쳐 하나의 길을 따라 전개됐다는 인식도
변해야 한다고 강조했다.

새롭게 인류사를 서술하고자 했던 기관 중 하나가 유네스코 (UNESCO)이다. 종래의 세계사는 대체로 서유럽인의 경험을 중심으로 인류사의 발전 경로를 상상했다. 그러나 유네스코는 국가의 이익을 넘어 세계의 평화와 인류의 공동선을 지향하는 관점에서 인류 대부분의 경험을 포괄하는 세계사 서술이 필요하다고 인식했다. 이러한 관점에서 1963년에 『인류 역사: 문화적·과학적 발전(History of Mankind: Cultural and Scientific Development)』을 여섯 권의 책으로 편찬했다.

이 책은 유럽만이 아니라 유럽과 아시아 모두, 즉 '유라시아 (Eurasia)'의 역사를 쓰겠다는 의도에서 유라시아의 주요 문명들을 중심으로 인류 역사를 구성했다. 유럽 문명·중국 문명·인도 문명 등 대부분의 문명은 서유럽 문명과는 진혀 다른 경로를 밟았고, 전혀 다른 경험을 하며 발전했다. 따라서 각 문명의 고유한 발전 과정과 경험에 대해 이야기하기 위해서는 문명을 단위로 서술할 필요가 있었다.

유네스코 인류사 서술의 총 책임은 예일대학의 터너(Ralph E. Turner)가 맡았다. 또한 세계 여러 지역 전문가가 이 작업에 참여했다. 터너는 세계 여러 나라와 민족의 자존심을 상하지 않게 하면서 세계사를 서술하기 위해서는 지역이나 민족 사이에 공통되는 경험과 업적을 강조해야 한다고 주장했다. 그와 동시에 각 문명이 이룬 성과를 비교할 수 있게 서술하자고 제안했다.

그러나 문명 간의 기술 발달이나 창의성 면에서는 비교하지 못하게 했다. 문명들을 서로 비교하다보면 자칫 인류의 다양한 문화를 하나의 기준으로 평가해서 어떤 문화는 고급문화이고, 어떤 문화는 저급문화라고 오해할 수 있다는 것이다.

결국, 터너는 모든 문명의 역사를 독립적으로 다루면서 그 서술의 양을 동등하게 배당하는 방식으로 인류사를 쓰려고 했다. 또한 인류 전체의 경험을 일반화해 서술하기보다는 각 문명이 어떻게 다른가를 보여주려 했다. 이렇게 아시아의 여러 문명을 유럽 문명과 비슷한 비중으로 서술해야 한다는 주장이 학자들 사이에서 나왔다.

04

맥닐이 말하는 세계사

모든 문명을 똑같은 비중으로 다뤄야 하는가? 세계사에서 독립적으로 다뤄야 할 문명은 세분화하면 세분화할수록 늘어난다. 또한 문명 내에는 왕조나 국가들이 있다.

그런데 종교가 같으면 하나의 문명에 속하는 것인가? 예를 들면 기독교 문명·유교 문명·이슬람 문명·힌두 문명처럼 종교로 문명을 나눠야 하는가? 그런데 고대 페르시아 제국이나 당 제국, 또 몽골 제국에 여러 종교 신자가 함께 살았다. 이 제국들은 별도의 문명으로 다뤄야 할까? 이렇게 여러 문명의 역사를 서로 연관성 없이 나열하면 인류가 공통적으로 겪은 경험을 이해할 수 있을까? 이런 세계사에서는 여러 문명·여러 역사적 집단이 서로 어떻게 관계를 맺었는지 이해하기 어렵다.

오늘날 세계 여러 나라는 문화적으로는 많이 다르지만, 크게 보면 정치와 경제 체제는 비슷하다. 물론 사우디아라비아처럼 왕국도 있고, 중국처럼 공산주의 체제인 나라도 있다. 그러나 세계 여러 나라는 국민에게 주권이 있다는 이념 아래 헌법을 만들어 국가를 운영하고, 자유와 평등이라는 이념에 기초해 정치·경제·사회제도를 운영한다. 또 많은 나라가 자본주의 체제 속에서 빈부격차의 문제를 해결하려고 한다. 세계사를 여러 문명사의 집합으로 쓰면, 오늘날 인류가 공통적으로 겪은 경험이나 당면하고 있는 문제들을 주의 깊게 살펴보기 어렵다.

서구 문명의 독특한 문화가 패권 장악 가능케 하다

1964년에 맥닐(William McNeil)이라는 캐나다 출신 미국의 세계사가는 『서구의 발흥(The Rise of the West)』이라는 책을 출판했다. 그가 말하는 서구 문명은 고대 그리스-로마-중세와 근대 서유럽-미국으로 이어진 문명이다. 맥닐은 서구 문명은 중국이나 이슬람 세계와 벌인 치열한 경쟁을 통해 등장했다고 주장했다. 그리고 그 경쟁은 16세기 이후 서구가 다른 문명들을 누르고 성장하여, 19세기에 미국이 전 세계적 패권을 장악하면서 서구 문명의 승리로 끝났다고 했다. 맥닐은 서구 문명이 세계적으로 패권을 장악할 수 있었던 까닭은 서구 문명의 독특한 문화적 특질 때문이었다고 강조했다.

미국의 여러 역사학자가 이런 맥닐의 주장에 동의했다. 이들은 다른 문명에는 없는 서구 문명의 독특한 특질 몇 가지를 얘기한다. 예를 들면 서구인이 자유 의식을 발달시켰다든가, 다른 문명은 자기비판을 하지 않지만 서구 문명은 자기비판을 통해 잘못된 점을 반성하고 고쳐서 문화를 더 발전할 수 있게 했다는 것이다. 이 밖에도 여러 학자가 서유럽 문화만의 독특한 여러 특징을 이야기한다.

예를 들면 베버(Marx Weber)는 유럽에서 근대 자본주의가 발전할 수 있었던 동력은 근면한 기독교 정신이라고 주장했다. 근면하게 돈을 벌며 절약하고 투자하는 정신이 자본주의 발달에 중요한 영향을 미쳤다는 것이다. 많은 학자들이 이런 서구에만 있는 독특한 문화가 배경이 되어 서유럽에서 민주주의나 자본주의가 발달했다고 주장했다. 그리고 다른 지역은 서구 문화를 받아들여 오늘날의 민주주의나 자본주의의 발전을 이뤘다고 했다.

맥닐의 책이 출판된 후 세계사는 16세기 이전에는 유럽 문명이 다른 여러 문명과 경쟁하는 과정으로, 16세기 이후에는 서유럽이 급격하게 성장하고 다른 지역으로 세력을 확장하는 과정으로 서술했다. 주로 서유럽사를 서술하면서, 같은 시기에 "한편 다른 지역에서는……"이라고 하며 아시아와 아프리카 등의 다른 지역의 역사를 끼워 넣었다. 이런 방식으로 세계사를 서술하면 16세기 전에는 동아시아·인도와 동남아시아·서아시아·유럽에서 여러 왕조와 제국이 어떻게 각각의 독특한 문화를 발전시켰는가에 중점을 둔다. 그리고 16세기 이후에는 유럽에서 어떻게 근대적인 사회가 만들어지게 됐는가에 초점을 맞춘다.

그는 유럽이 근대로 들어서는 과정을 설명하기 위해 르네상스·종교개혁·과학 혁명·시민 혁명·산업 혁명·제국주의에 관해 서술했다. 그리고 다시 아시아와 아프리카 지역으로 돌아와 19세기 제국주의 침략에 대항해 민족운동을 서술한다. 16세기 이후의 역사는 유럽에서 정치·경제·문화가 발달했고, 다른 지역에서 그런 유럽 문화를 받아들이고 모방하면서 전 세계가 유럽화됐다는 내용이다.

오랫동안 한국에서도 이렇게 세계사를 서술해왔다. 오늘날 세계가 어떻게 비슷한 정치와 경제 체제, 그리고 유럽과 비슷한 문화를 갖게 됐는지 설명할 수 있다고 생각했기 때문이다. 그런데

- **윌리엄 맥닐**
  맥닐은 캐나다 출신 미국의 세계사가이다. 1964년에 『서구의 발흥』이라는 책을 써서 출판했다.

오늘날 학자들은 각 지역 문화에서 유럽 문화나 체제를 모두 무비판적으로 받아들이지는 않았다는 점을 강조한다.

또한 오늘날 여러 국가들이 비슷한 문제에 당면하고 있지만, 서로 다른 문제들과 도전에 맞서야 한다고도 주장한다. 학자들은 세계사를 유럽화의 과정에만 초점을 맞춰서는 서로 다른 문제와 도전을 설명하기 어렵다고 생각한다.

그래서 다음과 같은 질문을 하면서 세계사를 다시 연구하고 있다. 오늘날 세계 여러 지역의 정치·경제·사회·문화를 유럽화의 결과라고 설명할 수 있을까? 그리고 유럽이 급속도로 성장할 수 있었던 까닭이 유럽인만이 가지고 있던 독특한 문화적 특질 때문일까? 그러니까 역사 발전의 원동력이 유럽의 독특한 문화적 특질 때문에 생기는 것일까?

최근에는 맥닐과 다르게 생각하는 학자들도 많다. 계속해서 다르게 생각하는 학자의 이론도 하나 살펴보자.

05

호지슨이 말하는 세계사

1950년대 호지슨(Marshal Hodgson)이라는 미국의 역사가가 『이슬람의 모험(The Venture of Islam)』이라는 세 권의 책을 썼다. 그리고 그는 『세계사의 통일성』이라는 책도 준비했다. 그러나 안타깝게도 호지슨은 이 책을 끝내지 못한 채 1968년 마흔여섯 살에 생을 마감했다. 그의 완성되지 못한 원고는 책으로 출판되지 못했다. 그의 글을 세계사 연구자들이 다시 주목하게 된 것은 1980년대 말 1990년대 초 무렵이다.

1980년대까지, 아니 사실 오늘날에도 많은 사람이 유럽, 혹은 서양의 역사를 자유와 이성의 발달사로 이해한다. 그리고 아시

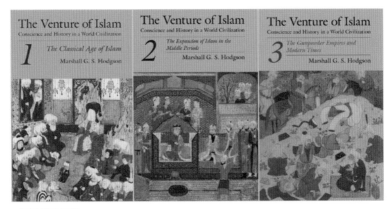

아의 여러 지역은 오랫동안 왕이 절대 권력을 가지고 통치했다
고 한다. 또 서양은 진보를 거듭했고, 아시아는 제자리에 머무르
다가 서양의 발달한 문물을 받아들이면서 발전하기 시작했다고
이야기한다.

유럽은 아시아의 변방에 불과하다

그런데 세계 여러 지역의 역사를 연구했던 연구자들은 실제
아시아·아프리카 등 각 지역이 제자리에 머물러 있지 않고, 계속
발전하고 있었다는 점을 밝혀냈다. 또 아시아의 기술·과학·의

학·문학·철학 등의 문화가 유럽에 전달돼 유럽이 발전하도록 자극했다는 점도 알아냈다. 앞의 제1장과 제2장에서 이미 읽어보았으니 다시 설명하지 않아도 될 것이라 생각한다.

호지슨은 인류 역사에서 유럽이 주류이고 나머지는 다 비주류라고 보는 시각은 실제 역사와 다르다고 비판했다. 호지슨은 메카르도법에 의한 세계지도는 사람들로 하여금 유럽이 매우 큰 대륙이라고 착각하게 한다고 했다. 유럽 면적은 아시아에서 인도나 동남아시아의 면적과 대략 비슷하지만, 유럽은 대륙으로 불리고 인도와 동남아시아는 그렇게 불리지 않는다는 것이다.

호지슨은 오히려 역사 시대 동안 대부분 유럽은 아시아의 중심지역으로부터 떨어져 있었던 미미한 변방이었다고 말했다. 역사를 보면, 오히려 유럽보다는 아시아가 중심이었다는 것이다. 그 당시 유럽사 연구자는 유럽이 오늘날 그렇게 발전할 수 있었던 것은 그리스 로마를 거쳐 르네상스를 통해 획기적인 변화를 이뤘기 때문이라고 했다.

그런데 호지슨은 그것이 르네상스 때문이 아니라, 아시아 문명들이 이뤄놓은 여러 문화를 유럽이 받아들였기 때문이라고 주장했다. 그러면서 유럽이 받아들였던 여러 기술과 문화에 관해 설명했다. 유럽이 아시아에서 받아들인 기술이나 문화는 매우 많다. 화약·나침반·인쇄술 등의 중국 기술만이 아니라, 인도의 수학이나 철학, 이슬람 세계의 과학·의학·철학 등 다른 지역의 문화에서 영감을 얻어 발전시킨 것이다.

호지슨은 이슬람 사회가 10~16세기 사이에 아프로-유라시아 문명 지역의 반 이상을 채웠고, 아프리카의 모로코에서 동남아시아의 자바까지, 러시아의 카잔에서 아프리카 탄자니아의 잔지바르까지 무슬림 사이에는 특이하게 강한 사회적 연대감이 있었다고 주장했다. 그리고 이런 연대감을 바탕으로 이슬람 사회가 아프로-유라시아 세계의 문화가 서로 교류하는 데 중요한 역할을 했다고 했다. 물론 그 시기에 서로 다른 왕조와 제국이 있었지만, 곳곳에 이슬람 왕조가 있었고 이슬람 상인이 곳곳을 다니면서 교역 활동을 벌였다. 그 시기에 이슬람 사회에 다양한 인종과 민족이 살았지만, 이슬람 교리에 따라 살았으므로 형제의식 또는 연대의식이 있었다.

그렇다고 해서 호지슨이 유럽에서 독자적인 발전이 이뤄지지 않았다고 주장하는 것은 아니다. 다만 유럽을 포함해 아시아와 아프리카의 모든 문명이나 민족이 서로 교류하고 영향을 주고받으며 살았고, 그렇게 하여 오늘날과 같은 문명을 발달시킬 수 있었다는 것이다.

그러니까 유럽만 매우 발전된 문명을 이룩했던 것처럼, 또는 유럽의 고유한 문화적 특질이 유럽을 전 세계에서 앞서 나가게 한 것처럼 서술하는 것은 잘못이라고 주장한다. 오히려 아시아와 아프리카에서 어떻게 서로 영향을 주고받으며, 서로 연결되어 인류 역사가 발전했는지 보여주는 역사로 서술해야 한다고 강조한다.

여러 종류의 네트워크로 연결 되는 21세기

오늘날 많은 역사가가 아프로-유라시아가 서로 어떻게 영향을 주고받았는지를 연구하고 있다. 앞서 살펴본 맥닐도 1980년대와 1990년대에 『전염병의 역사』 『전쟁의 역사』 등 많은 책을 썼다. 그리고 나중에 『휴먼 웹: 세계화의 역사』라는 책도 썼는데, 여기서는 세계의 여러 사회가 매우 오래 전부터 상호 교류를 하면서 발전해왔다는 점을 강조하고 있다. 그러니까 맥닐은 여러 역사 연구 성과가 축적되는 것을 보면서 세계사를 새로 쓴 것이다.

21세기 사람들은 점점 여러 종류의 네트워크로 연결되고 있다. 이런 세계 변화를 보며 학자들은 인류 역사·세계사·지구사를 어떻게 새로 쓸 것인가에 대해 활발히 토론하고 있다. 역사 연구가 진행되면서 새롭게 밝혀진 사실들은 어떤 하나의 민족이나 문명이 인류의 역사를 이끌었다고 주장하기 어렵게 한다. 오늘날 역사가들의 연구는 세계 곳곳에서 여러 민족과 사회가 서로 의존하고, 경쟁하고, 갈등하고, 교류하면서 영향을 주고받았다는 점을 알려준다.

세계 여러 민족이 평화롭게 공존할 수 있는 미래를 만들려면, 우리는 세계사에서 어떤 측면들을 공부해야 할까? 역사에서 여러 영감을 얻을 수 있다. 그동안 잘 몰랐던 시기, 몰랐던 장소로 여행을 가서 잘 몰랐던 민족들과 사람들을 만나보자. 그들이 사회와 인간에 대해 했던 고민, 그들이 부딪혔던 문제를 해결했던 방법, 그들이 새로운 문화를 창조하는 방식 등을 보면서 인류의 미래를 발전시킬 수 있는 지혜와 영감을 얻어보자.

네루의 『세계사 편력』

역사가만 역사를 쓰지는 않는다. 또 유명한 역사가 가운데는 서양 사람만 있는 것도 아니다. 역사학자가 아닌 인도의 변호사이자 정치가인 자와할랄 네루(1889~1964)는 『세계사 편력』이라는 책을 썼다. 네루는 영국의 인도 식민 통치에 저항했던 독립운동가였다. 『세계사 편력』은 딸에게 보내는 편지 형식으로 쓰였다. 네루는 이 책을 왜 쓴 것일까?

인도는 오랫동안 영국의 식민 통치를 받았다. 네루는 영국의 식민 통치를 받던 시절, 인도의 부유한 귀족 집안에서 태어났다. 열여섯 살인 1905년에 영국 유학길에 올라 영국에서 케임브리지 대학을 마쳤다. 그리고 변호사 자격을 취득한 뒤, 7년 만인 1912년에 인도로 돌아왔다.

그의 앞날은 보장돼 있었다. 그러나 네루가 영국에서 돌아온

- **자와할랄 네루**
  인도의 독립운동가 겸 정치가. 네루의 영향을 받아 지금도 인도인은 사회 모순과 불의에 침묵하지 않는
  민중운동으로 권리를 쟁취하려는 전통을 이어받고 있다.

그해, 1912년 말 온건한 방식으로 인도의 민족주의 운동을 주도하고 있던 인도 국민회의 모임에 참석하면서 인도의 정치 상황에 대해 알게 됐다. 그리고 마하트마 간디가 영국의 식민 통치에 저항해 진행한 몇 차례의 비폭력 운동을 접하면서 정치 운동에 뛰어들게 된다.

네루는 편하게 사는 길을 택하지 않고, 험난하더라도 신념으로 사는 길을 택했다. 인도와 세계를 더 좋은 세상으로 만드는 데 헌신하는 삶을 택한 것이다.

네루는 간디를 따랐지만, 간디보다 더 급진적인 주장을 펼쳤다. 영국에 맞서 비폭력·비협력 운동을 벌이는 데 그치지 않고,

인도의 완전하고 즉각적인 독립을 주장했다. 1947년 인도는 독립을 맞이했고, 독립한 인도에서 네루는 인도의 초대 총리 겸 외무장관을 지냈다.

네루는 영국 식민 통치하에서 독립운동을 벌이면서 아홉 차례나 체포돼 약 10년간 감옥 생활을 했다. 그리고 감옥에 있는 동안 『세계사 편력』이라는 책을 썼다.

네루는 세계사를 공부하면서 세계사적 맥락 속에서 인도를 이해하고, 앞으로 세계 변화 방향과 인도가 나가야 할 길을 찾고자 했다. 그는 세계사에서 어떤 해답을 찾았을까? 이 책에서 네루가 서양 제국주의에 침략과 부당한 억압 속에서 인도가 나아가야 할 길에 대해 심각하게 고민한 흔적을 볼 수 있다.

역사는 역사 드라마와 어떻게 다를까?

역사 드라마와 역사는 모두 과거에 대한 이야기, 과거 사람들에 대한 이야기라는 공통점이 있다. 그러나 역사 드라마와 역사는 다르다. TV 드라마는 과거 사람들이 남긴 사료들을 보고 그것에 상상력을 더해서 만든다. 때로 드라마는 사료(과거의 문헌·유물 등 역사를 쓰는 근거 자료)에서 증명하는 것과 다른 이야기로 드라마를 만들기도 한다.

예를 들면 〈광해〉라는 영화에서는 광해군이 마치 자신의 대역을 썼던 것처럼 이야기가 나오지만, 과거의 사료들을 살펴보면 광해군이 실제 그랬을 가능성은 없다. 그러나 영화이기 때문에 그러한 이야기를 만들 수 있는 것이다. 그러므로 역사 드라마·영화·만화·게임은 역사와 다르다는 점을 생각하면서 봐야 한다.

여러 학자들이 역사란 무엇인가라는 질문에 대답하려고 했다.

그리고 그 대답들은 서로 다르다. 그러니까 역사란 한마디로 정의하기는 어렵다. 많은 역사가들은 다만 역사란 과거에 실제 일어났던 일에 가깝게, 과거에 살았던 사람이 실제 생각했던 것에 가깝게 서술된 이야기라는 데 동의한다. 즉 철저하게 사료를 바탕으로 과거에 일어났던 일에 대해 이야기하는 것이다. 그런데 사실 누구도 과거에 일어난 모든 일에 대해서 완벽하게 알 수는 없다.

우리가 알 수 있는 과거는 기록이나 유물·유적을 통해 알 수 있는 과거이다. 이순신이 명량해전에서 "나의 죽음을 알리지 말라"고 말했다는 사실은 류성룡의 『징비록』을 통해서 알 수 있다. 세종 시기에 훈민정음을 만들었다는 사실도 『세종실록』 등의 기록을 통해서 알 수 있는 것이다. 그러나 기록이 남아 있지 않으면, 과거에 어떤 일이 있었는지 알기 어렵다.

역사는 이렇게 말이나 글로 기록되어 전해오는 과거에 대한 이야기, 그리고 과거에 살았던 사람의 생활이나 생각의 흔적을 보여주는 유물이나 유적 등을 근거로 쓴 과거에 대한 이야기이다.

그런데 같은 시기, 같은 지역에 대해 서술한 역사인데도 서로 다른 이야기가 담길 수 있다. 프랑스 혁명 당시 유럽과 지중해 세계를 장악하려고 시도했던 나폴레옹은 영웅일까, 침략자일까?

정화의 보선의 길이는 150미터일까, 70미터일까? 같은 기록을 읽더라도 그 기록에 대한 해석이 달라질 수 있다.

또 과거에 대해 알려주는 새로운 기록이나 유물·유적이 발견되면, 종래의 이야기를 수정해 새로운 이야기를 서술하기도 한다. 역사를 서술하는 사람에 따라 역사에 포함돼야 한다고 생각하는 사건이 다르기도 하고, 사건의 의미를 다르게 해석할 수도 있다.

세계사를 읽으면 통찰력과 문제 해결력이 생긴다

연구 때문에 초·중·고등학생을 자주 만난다. 여러 자료를 읽게 하고 해석해보게 했다. 여러 학생이 인상적인 대답을 했는데, 그 가운데 한 중학생의 대답이 특히 인상적이었다.

세종대왕이 쓴 훈민정음 「서문」과 최만리 등이 세종에게 올린 훈민정음 반대 「상소문」을 읽게 하고 세종이 훈민정음을 창제한 까닭이 무엇인지 말해보라고 했다. 그 학생은 사료를 해석해서 세종이 훈민정음을 창제한 의도를 설명했다. 그러고는 중국의 마오쩌둥이 중국의 한자들을 표음화하고 간략화했던 의도와 비교하면서 세종의 훈민정음 창제를 설명했다. 이 두 사례가 반드시 같은 경우라고 해석할 수 있는가는 논쟁의 여지가 있다. 그러나 그 학생이 세계사를 읽으면서 인간 행위를 통찰하는 능력과 문제 해결력을 키운 것은 확실하다.

세계사 읽기는 가본 적 없는 세계를 탐험하면서 다양한 경험을 쌓는 것이다. 여러분의 관심을 좇아가면서 시간 속에서 사건들과 인물들, 역사적 장소들을 찾아가다보면, 사회를 보는 눈, 사회 문제를 해결하는 지혜가 쌓이는 것을 느끼게 될 것이다. 세계사를 읽으면서 다양한 사회와 인간을 만나고 많은 경험을 쌓아가며 인간과 사회를 보는 창을 넓힐 수 있기를 바란다.

2018년 4월

강선주

참고문헌

1. 국내서적

강선주, 『역사교육 새로 보기』, 한울, 2015.

김호동, 『몽골제국과 세계사의 탄생』, 돌베개, 2010.

이희수, 『한 이슬람 교류사』, 문덕사, 1991.

정수일, 『신라 서역 교류사』, 단국대학교출판부, 1992.

정수일, 『실크로드 사전』, 창비, 2013.

2. 번역서적

그루쎄, 르네, 김호동 옮김, 『유라시아 유목제국사』, 사계절, 1998.

류강, 이재훈 옮김, 『고지도의 비밀』, 글항아리, 2010

맥닐, 존·맥닐, 윌리엄, 유정희·김우영 옮김, 『휴먼 웹: 세계화의 세계사』, 이산, 2007.

맥닐, 윌리엄 H., 허정 옮김, 『전염병과 인류의 역사』, 한울, 2009.

멘지스, 개빈, 박수철 옮김, 『1434』, 21세기북스, 2010.

스턴스, 피터, 문명식 옮김, 『지도로 보는 문화사』, 궁리, 2007.

앗 딘, 라시드, 김호동 옮김, 『부족지』, 사계절, 2002.

앗 딘, 라시드, 김호동 옮김,『칭기스칸기』, 사계절, 2003,

앗 딘, 라시드, 김호동 옮김,『칸의 후예들』, 사계절, 2005,

주겸지, 전홍석 옮김,『중국이 만든 유럽의 근대』, 청계, 2003.

퀴터트, 도널드, 이은정 옮김,『오스만 제국사』, 사계절, 2008.

크로슬리, 파멜라 카일, 강선주 옮김,『글로벌 히스토리란 무엇인가』, 휴머니스
　　트, 2010.

폴로, 마르코, 김호동 옮김,『마르코 폴로의 동방견문록』, 사계절, 2000.

호지슨, 마셜, 이은정 옮김,『마셜 호지슨의 세계사론』, 사계절, 2006.

홉슨, 존 M., 정경옥 옮김,『서구 문명은 동양에서 시작되었다』, 에코리브르,
　　2005.

3. 외국서적

McNeil, William, *The Rise of the West*, University of Chicago Press, 1963.

Sir Yule, Heny, *Cathay and the Way Thither*, 1866.

Spengler, Oswald, (Charles Francis Alkinson trans.), *The Decline of the
　　West*, 2Vols, New York: Alfred A. Knopf, 1922.

Stavrianos, Leften, *A Global History of Man*, Boston: Allen and Bacon, 1962.

Trevor-Roper, Hugh, *The Crisis of the Seventeenth Century, Religion, the
　　Reofrmation and Social Change*, Harper & Row, 1967.

4. 논문·학술지

강선주, 「미국 세계사 인식의 변화와 세계사 교육」, 『역사교육의 방향과 국사
　　교육―윤세철 교수 정년 기념 역사학 논총』, 솔, 2001.

강선주, 「세계화 시대의 세계사 교육: 상호관련성을 중심원리로 한 내용구성」,
　　『역사교육』, 제82집, 2002.

김정위, 「고려말 회골인의 귀화와 이슬람의 한반도 등장」, 『백산학보』, 제91집,
　　2011.

김호동, 「몽골제국의 세계정복과 지배: 거시적 시론」, 『역사학보』, 제217집,
　　2013.

이태진, 「소빙기(1500~750)의 천체 현상적 원인: 『조선왕조실록』의 관련 기록
　　분석」, 『국사관 논총』, 제72집, 1996.

이학로, 「사마천의 생애와 『사기』의 서술」, 『세녕사학』, 세24집, 2013.

5. 인터넷 자료

김성준, "정크 선과 정화가 타고 나간 배: 법선이야기 6, 중국의 돛배들", 「부산
　　일보」, 2011년 6월 2일 입력. 2017년 5월 검색.

'사마천' 두산백과 (네이버 지식백과)

'사마천' 한국인문고전연구소, 중국인물사전 (네이버 지식백과)

우리 역사넷 http://contents.history.go.kr/front

『조선왕조실록』 http://sillok.history.go.kr/main/main.do

'헤로도토스' 두산백과 (네이버 지식백과)

BBC. A History of the World. Silk Princess Painting, 2017년 2월 검색.

"Echos of What Lies Behind the 'Ocean of Fogs' in Muslim Historical Narratives". muslimheritage.com. Retrieved 27 June 2015. Wikipedia의 "Mansa I of Mali"에서 인용, https://en.wikipedia.org/wiki/Musa_I_of_Mali

http://news20.busan.com/controller/newsController.jsp?newsId =20110602000160

http://www.bbc.co.uk/ahistoryoftheworld/objects/0nGQff66 RcCRS3uz3jMAxA

연표

시 기	내 용
기원전 7세기~ 기원전 6세기	스키타이, 초원길을 따라 왕래.
6세기경	불교, 인도에서 석가모니에 의해 창시.
5세기 경	헤로도토스, 『역사』 집필. 스키타이에 대한 기록 남김.
4세기경	불교가 고구려와 백제에 전래.
3세기~1세기	흉노가 중국 지역의 진·한 등을 위협하며, 동북아시아·중앙아시아 지역에서 위세를 떨침.
139~126	한 무제, 장건의 여행을 통해 실크로드에 대한 정보를 입수.
1세기 말	사마천, 『사기』 집필.
1세기경	지리학자 스트라본, 지도학 발전에 획기적인 전기를 마련. 스키타이에 대한 기록 남김.
기원후 57~935	신라 왕조, 고대 삼국의 하나로 성립. 7세기 중엽, 백제·고구려를 평정. 당(唐)과 활발하게 교류했고, 무슬림이 신라에 와서 정착했다는 기록이 이슬람 세계에 남아 있음.
127~145년경	프톨레마이오스, 저서 『지리학 안내』(전 8권)에서 지도 만드는 방법을 안내하고, 유럽·아프리카·아시아 등 여러 지역을 위도와 경도에 따라 표시. 오늘날과 같은 지도 제작법과 흡사함.
300년경	고대인도 문명 시기(기원전 2000년경)부터 서서히 만들어진 인도의 종교인 힌두교가 하나의 종파 형태로 발전.
610	무함마드, 이슬람교를 창시.
9세기경	크메르 왕국·수리비자야 왕국·힌두계 마자파힛 제국·홀로 술탄국 등 여러 제국과 왕국이 동남아시아에서 번성.
918~1392	왕건(王建), 신라 말에 고려를 세워 분립된 후삼국을 처음으로 통일.

시 기	내 용
11~13세기	서유럽의 기독교도들이 팔레스티나와 예루살렘을 이슬람 세계로부터 탈환하기 위해 십자군을 보내 전쟁을 일으킴.
1206	칭기즈 칸의 정복전쟁으로 몽골 제국이 시작됨.
12세기 초	앙코르와트, 브라만교의 영향을 받아 건립된 사원이나, 불교 사원으로도 사용됨. 앙코르 왕조가 13세기 말부터 쇠망하기 시작해 15세기경 완전히 멸망함에 따라 앙코르와트는 정글 속에 묻혀버림.
12세기	알−이드리시, 신라가 표시된 세계지도 제작. 일생 동안 지리학 연구와 여행을 함.
1250년경~ 1318	랏시드 앗 딘. 역사를 백과사전식으로 나열해서 쓰지 않고, 오늘날처럼 하나의 방향으로 전개되는 연결된 이야기로 저술. 그의 저서 『집사(集史)』는 진정한 의미에서 세계 최초의 세계사 책이라는 평가.
13세기 말	마르코 폴로, 『마르코 폴로 여행기』(우리나라에는 『동방견문록』으로 소개됨) 출간. 당시 이 책을 읽은 독자들은 동방을 상아·황금·노예·향료의 산지로서 신비로운 곳으로 여기게 됨.
1312~1335	역대 세계 최고의 부호로 알려진 말리 왕국의 제9대 왕 만사 무사, 오늘날의 세네갈·가나·코트디부아르·부르키나파소에 이르는 광활한 영토 다스림. 이 지역은 아프리카인과 유럽인이 드나드는 무역의 중심지로 번영.
1325	독실한 무슬림 이븐 바투타. 고향을 떠나 메카와 메디나로 성지순례.
1340	페스트의 대유행으로 유럽 인구 10명 중 5명이 목숨을 잃음.
1392	조선 건국.
1402	조선의 김사형·이무·이회 등이 「혼일강리역대국도지도」 제작.
1405	정화, 명(明) 영락제의 명으로 함대를 이끌고 해외 대원정 시작. 1433년 7차에 걸친 대원정 끝냄.
1488	포르투갈인 바르톨로뮤 디아스, 아프리카 남단 희망봉 도달. 유럽인이 아프리카를 돌아 인도로 가는 항로를 알게 됨.

시 기	내 용
1498	포르투갈인 바스쿠 다 가마, 항해로 아프리카 남단의 희망봉을 발견.
1492	에스파냐인 콜럼버스, 아메리카 대륙에 도달.
1519~1522	에스파냐인 마젤란이 끄는 함대가 세계 최초로 세계 일주를 함.
1584	마테오 리치, 세계지도를 중국 명나라에서 간행.
17~18세기	아프리카와 아메리카 사이에 노예교역이 급속히 증가.
17세기 후반~ 18세기 말	유럽의 후기 바로크·로코코 양식의 미술에 가미된 중국 취미의 미술품 시누아즈리(차이나풍)와 터키풍 유행.
1763	명나라의 영락제의 명에 의해 1418년에 그려진 「천하제번식공도」를 막 영동이라는 신하가 베껴서 「천하전여총도」를 그림.
1860~1896	허버트 스펜서, 「종합철학체계」 집필. 다윈의 생물진화론을 인간사회의 도덕원리 전개에 대입하여 해설.
1870~20세기 초	프랑스·영국·독일 등 유럽 여러 열강이 아프리카·아시아 지역에 군사적 침략으로 영토를 확장하고 정복한 지역을 식민지배하는 제국주의 침략을 감행.
1918~1922	슈펭글러, 「서구의 몰락」에서 문명은 유기체로 발생·성장·노쇠·사멸의 과정을 밟는다고 주장.
1934~1954	아널드 토인비, 「역사의 연구(전 12권)」을 써냄. 세계 역사상 26개의 문명권이 각각 성장·발전·쇠퇴·해체의 과정을 주기적으로 되풀이하는 과정 밝힘.
1940~1960	마셜 호지슨, 서양의 역사를 자유와 이성의 발달사로 이해하고 아시아는 제자리에 머무르다가 서양의 발달한 문물을 받아들이면서 발전하기 시작했다는 기존의 학설 비판. 역사 시대 대부분 유럽은 아시아의 중심 지역으로부터 떨어져 있던 미미한 변방이었던 반면, 아시아가 중심이었다고 주장.

시 기	내 용
1947	헤이에르달, 남태평양의 문화가 남아메리카에서 전해진 것이라고 생각해 8,000킬로미터를 뗏목으로 100일 만에 가로지르며, 남아메리카 문화가 남태평양 여러 섬에 건너간 것을 증명. 이 사건을 '콘–티키의 모험'이라 함.
1950년대	에릭 홉스봄, '17세기 위기론'을 1950년대에 발표한 많은 연구자의 논쟁을 불러일으킴. 유럽은 17세기에 전반적 위기를 경험하게 되었는데, 그 결과 자본주의 체제로 전환점이 이미 이 시기에 사회경제적으로 준비될 수 있었다고 주장.
1960년대	카발리–스포르자를 비롯한 유전자 학자들, 유전자 지도를 그린 결과, 타이완·동남아시아에서 태평양 방향으로 사람들이 이주했다는 결론을 내림. 즉 남태평양의 문화가 남아메리카에서 전해진 것이라고 주장한 헤이에르달의 주장이 틀렸음을 밝힘.
1964	윌리엄 맥닐, 서구 문명은 중국이나 이슬람 세계와의 치열한 경쟁을 통해 등장했다고 주장한 『서구의 발흥』 집필.

생각하는 힘-세계사컬렉션 10

세계사를 보는 눈
헤로도토스에서 호지슨까지의 역사관

펴낸날	초판 1쇄 2018년 5월 15일
	초판 2쇄 2018년 11월 26일

지은이	강선주
펴낸이	심만수
펴낸곳	(주)살림출판사
출판등록	1989년 11월 1일 제9-210호

주소	경기도 파주시 광인사길 30
전화	031-955-1350 팩스 031-624-1356
홈페이지	http://www.sallimbooks.com
이메일	book@sallimbooks.com

ISBN	978-89-522-3843-6 04900
	978-89-522-3910-5 04900(세트)

※ 값은 뒤표지에 있습니다.
※ 잘못 만들어진 책은 구입하신 서점에서 바꾸어 드립니다.
※ 각각의 그림에 대한 저작권을 찾아보았지만, 찾아지지 못한 그림은
    저작권자를 알려주시면 그에 맞는 대가를 지불하겠습니다.

이 도서의 국립중앙도서관 출판예정도서목록(CIP)은 서지정보유통지원시스템 홈페이지
(http://seoji.nl.go.kr)와 국가자료종합목록시스템(http://www.nl.go.kr/kolisnet)에서
이용하실 수 있습니다.(CIP제어번호: CIP2018004454)

책임편집·교정교열 **박일귀**   지도 일러스트 **김태욱**